KB082884

왜 나하고 사업을
같이 하지 않을까?

성공적인 네트워크마케팅을 위한 실전편

왜 나하고 사업을
같이 하지 않을까?

이영권/이상석 지음

최일선에서 사업자들과 함께해온 故 이영권 박사와
뜻을 이어받은 이상석 교수가 전하는 동행의 메시지

네트워크 마케팅을 위해 헌신하신
이영권 박사님께 무한히 감사드립니다.

"현역 시절 = 취업, 창업

은퇴 이후 = 재취업, 창업, 재테크, 저축한 돈 **빼**
먹기"

금수저를 물고 태어나지 못한 대다수가 사회생활
을 시작한 이후 선택하는 길입니다. 젊을 때는 그 시
절이 한없이 지속될 것만 같습니다. 그래서 그 순간
에만 몰입할 뿐 미래를 대비하는 데는 인색합니다.
박우현 시인은 〈그대는 그때의 아름다움을 모른다〉
에서 이렇게 말합니다.

"삼십대에는 마흔이 두려웠다.

마흔이 되면 세상 끝나는 줄 알았다.

이윽고 마흔이 되었고 난 슬프게 멀쩡했다.

쉰이 되니 그때가 그리 아름다운 나이였다."

　어느 나이대든 인간은 생각만큼 늙지 않습니다. 나이 50이 되면 알게 되는 것이 있지요. 마음이 몸처럼 나이 들지 않고 성향이나 행동도 사회적 지위에 걸맞게 늙지 않는다는 것을 말입니다. 그런데 현실은 무지막지하게 냉정합니다. 나이가 들어도 마음은 청춘이고 젊을 때와 마찬가지로 쓰고 입고 먹고 생활을 해야 하는데 사회에서는 뒷방 늙은이 취급을 합니다.

　은퇴 이후를 현역 시절부터 준비해야 하는 이유가 여기에 있습니다. 사회적 관념이나 환경이란 게 나 혼자 애쓴다고 달라지는 것이 아닙니다. 우린 어쩔 수 없이 그 흐름에 따라야 하지요.

　오늘날의 흐름을 좌우하는 말은 무엇일까요?

많이 들어봤을 겁니다. 부의 양극화, 부익부빈익빈, 최첨단, 대량생산, 글로벌기업, 구조조정, 사라지는 일자리, 고령화…….

혹시 '나랑 상관없는 일이야'라는 생각을 하십니까? 천만에요! 모두가 이 모든 것과 관련이 있습니다. 그 치열하고 냉정한 쳇바퀴 속에서 여러분이 현역으로 일할 수 있는 시기는 20년이나 30년밖에 되지 않습니다. 그리고 지금과 같은 추세라면 은퇴 후 40년 이상의 시간을 더 살아야 합니다.

'재취업, 창업, 재테크, 저축한 돈 빼먹기'라고 하니까 은퇴 이후의 선택지가 많다고 생각하십니까? 이 중에서 만만한 것은 하나도 없습니다. 재취업 3종 세트는 환경미화원, 아파트경비원, 주유소 시간제 일자리입니다. 그마저도 경쟁이 치열합니다. 창업? 미안하지만 퇴직금 날리기 십상입니다. 재테크엔 자신이 있다고요? 안됐지만 소시민 은퇴자에게 재테크는 넘기 힘든 벽입니다. 저축한 돈을 빼먹고 사는 것은 생각만으로도 암담하지 않습니까?

그렇다고 미래를 애써 외면하며 '어떻게든 되겠지' 한다면 당혹감과 당황스러움 외에 얻는 것이 없습니다. 절대 미래에 대한 계획 없이 허송세월을 보내서는 안 됩니다. 미래를 준비하고 싶은 마음은 굴뚝같은데 마땅히 떠오르는 게 없다고요?

여기서 우리의 미래 지도를 한번 그려봅시다.

한국은 선진국 진입을 목전에 두고 있다!

경제적 풍요와 더불어 상대적 빈곤감이 커진다!

평생직장이 사라지고 수명이 길어진다!

세상의 모든 경제 시스템이 변화하고 있다!

이것이 현재, 그리고 앞으로 대한민국이 겪게 될 현실입니다. 그렇다면 우리는 무얼, 어떻게 준비해야 할까요? 결론적으로 말해 평생직장이 아닌 평생직업을 찾아야 합니다. 가장 권하고 싶은 것은 선진국형 사업입니다. 그 대표적인 것이 큰 자본이나 점포 없이 사이드잡 더블잡으로 할 수 있는 네트워크 마케팅 사업입니다.

문제는 현재 수많은 네트워크 마케팅 회사가 있고 그중에는 불법 피라미드나 불법 다단계 회사도 있다는 사실입니다. 따라서 먼저 올바른 회사를 선택해야 합니다. 그다음에는 사업에서 성공하는 방법을 알아야 합니다.

누구나 성공하고 싶을 겁니다. 또한 열심히 제대로 할 각오를 다졌을 수도 있습니다. 하지만 그 요령을 알지 못하면 허우적대기 십상입니다. 설령 등짝에 짐을 짊어졌더라도 길을 알고 가면 그리 무겁지 않지만, 길을 모르면 짐이 더 무겁게 느껴지고 짜증나게 마련입니다.

이 책은 필자가 한국의 네트워크 마케팅 사업을 15년 이상 관찰 및 연구한 결과물입니다. 특히 여기에는 수많은 네트워커와 직접 만나 애로사항을 듣고 조언하면서 느낀 중요한 내용들이 들어 있습니다. 현장의 생생한 실무를 비롯해 방향을 잡아주는 이론을 겸비한 이 책은 네트워크 마케팅 사업을 시작하려는 사람이나 이미 시작한 사람에게 큰 도움이 될 것입니다.

물론 이 책은 만병통치약이 아닙니다. 그렇지만 실수를 줄이고 보다 효율적인 사업을 전개하는 데는 분명 일조할 것이라 확신합니다. 네트워크 마케팅 사업은 변화의 시대에 직면하게 될 문제점들을 효율적으로 극복하게 해줄 대안입니다. 이 책이 독자 여러분을 그 길로 안내하는 데 초석이 되기를 바라는 마음입니다.

2015년 1월 서재에서

경영학박사 이영권

바야흐로 4차 산업 혁명의 시대입니다.

몇 해 전까지만 해도 일부 학계 지식층에만 사용하던 그 용어가, 대한민국 국민이라면 누구나 한번쯤 들어봤을 법한 시대를 이끄는 핵심 키워드로 자리잡게 되었습니다.

여러분은 앞으로 펼쳐질 미래를 어떤 눈으로 바라보고 계신가요?

어떤 분들은 100세 시대에 걸 맞는 건강하고, 편리한 생활을 상상하시기도 하고, 또 어떤 분들은 앞으로 발전할 인공지능(AI)이 인간의 일자리를 빼앗고 인간 소외 현상을 부추길 것이라며 걱정을 토로하기도 합니다.

전 이러한 시대적 논쟁에 대해 "결국 그 미래는 우리들 손에 달렸다."는 단순하고도 평범한 답을 제시합니다. 막연한 희망 또는 두려움만을 가진 채로 큰 파도의 흐름을 지켜만 본다면 수동적인 구경꾼이 되어버릴 수밖에 없습니다. 용기와 실행력을 갖춘 자들만이 큰 파도위에 올라서 능동적으로 앞으로 나아갈 방향성을 제시하고 바꿔나갈 수 있기에 결국 본인의 판단과 결단이 미래를 결정짓는 가장 큰 요인이 된다는 확신이 들었기 때문입니다.

전 라디오 방송, 기업 및 지자체, 대학 등에서 강연 활동을 하며, 우리 사회에서 변화되는 큰 흐름 속에서도 제가 말씀드린 이와 같은 단순하고 평범한 답이 결국 세상을 이끌고 변화시키고 있음을 직접 눈으로 확인하고 있습니다. '위기'라는 용어가 위기와 기회의 합성어이듯, 세상을 바라보는 시각은 사람마다 다르지만 이것을 기회로 활용하기 위해 움직이는 자들만이 세상을 바꿀 수 있다는 것을 말이죠.

  이 책은 이처럼 다소 혼란스럽고 어지러울 수 있는 작금의 상황을 보다 명쾌하게 해석하는데 도움을 드리고자 쓰여 졌습니다. 네크워크 마케팅 분야를 20년 가까이 지켜봐온 전문가의 지혜와 통찰력이 묻어난 글이자, 누구보다 아끼고 사랑했던 한 사람의 애정과 조언이 담긴 서책입니다. 그는 2015년 9월 초, 많은 이들에게 제대로 된 인사조차 하지 못하고 급히 세상을 떠났지만 그 정신과 진심은 여전히 많은 이들의 마음속에 살아 숨 쉬고 있으며, 가장 가까웠던 가족이자 멘티였던 저 역시도 마찬가지입니다.

  본인의 병세가 크게 악화되었던 2015년 초, 입원을 하러 가는 차안에서 "내가 20년 가까이 걸어왔던 분야에 대해 정리를 해보고 싶다."는 말씀을 하셨던 것이 비로소 3년 가까운 시간이 지나 이렇게 세상 밖으로 나오게 되었습니다. '흔들리는 유통시장, 판세의 흐름을 읽으면 돈이 보인다.' 라는 저서를 통해 밝혔듯 편견으로 가득 찼던 저의 마음을 객관적으로 들여다보고 깨달을 수 있었던 시기도 바로 이때였습니다. 2015년에 세워두었던 수많은 계획과 생활들이 멈춰버렸지만, 전 지금도 세상을 떠나기전 아버님과 나누었던 '너무 아팠지만 소중한 시간들'을 잊을 수가 없습니다.

너무나 가난했던 어린 시절, 홀어머니 밑에서 '성공하고 싶다'는 일념하나로 누구보다 제대로, 잘, 열심히 살아왔던 그가 유독 네트워크 마케팅 사업자들을 이해하고 애정을 가졌던 이유는 그 안에 흐르는 '공감대'가 있었기 때문일 것입니다. 나이, 시간, 학벌, 재산 같은 배경을 차치하고 오로지 본인의 성실함과 유능함으로 성공을 이룰 수 있는 길. 그 길을 걷는 분들이 본인처럼 정도를 걷는 떳떳한 성공을 이루길 누구보다 응원하셨음을 전 느낄 수 있었습니다. 그리고 그의 이야기 하나하나가 단어가 되고 문장이 되어 이렇게 책으로 쓰여 지게 되었습니다. 네트워크 마케팅이라는 비즈니스에 대한 객관적이고 현실적인 이해를 돕는 동시에, 인생에서 '성공'이라는 목표를 찾아가기 위해 기본적으로 갖추고 고려해야 할 점에 대해 집대성하게 된 것이죠.

"본질은 변하지 않는다."

본 서를 준비하며 제 마음 속을 계속적으로 두드린 하나의 생각입니다. 비록 이영권 박사님이 세상을 떠난 이후 '4차 산업 혁명'이란 키워드가 유행을 하기 시작했지만, 그것은 본질이 될 수 없습니다. 본질은 "네트워크 마케팅의 비전이며, 성공적인 비즈니스 구축을 위한 방법은 절대 변하지 않는다."는 그 자체입니다. 지금으로부터 100년 전 사람들에게 사랑을 받던 이와 100년 후 사람들에게 사랑을 받을 이에겐 큰 차이가 있을까요? 단언컨대, 환경과 도구가 변할 뿐 그 본질은 같을 것입니다. '네트워크 마케팅 사업'과 '성공'이란 영역도 마찬가지입니다. 시대는 사업의 아이템, 유통구조, 마케팅 수단 등을 변화시킬 수 있겠지만 그것은 1차적 변화일 뿐, 본질의 변화로 볼 수 없습니다.

점차 속도가 빨라지고, 정보가 넘쳐나는 세상 속에서 우리들은 오히려 차분하고 단순하게 '본질'을 바라볼 필요가 있습니다. 이 책은 여러분들이 하시는 일에 대한 정체성, 그 안에 깃든 사업의 장, 단점, 사업 성공의 원리를 설명할 뿐만 아니라 순간적으로 얻어지는 성공이 아닌 장기적으로 성공해 나가기 위한 습관과 시스템을 전하고 있습니다.

'성공은 습관이다.', '성공은 시스템이다.' 어린 시절부터 귀에 못이 박히도록 들어왔던.. 그러나 지금은 너무나 듣고 싶은.. 그 가르침을 저 역시 굳게 믿고 있으며 누구보다 강한 믿음으로 실천해 나가고 있습니다. 그리고 저 또한 세상에서 자신만의 영역을 구축하고 우뚝 서기 위해 열심히 오늘을 사는 분들을 진심으로 공감하고 응원하고 있으며 최일 선에서 함께 나아갈 것임을 약속드립니다.

'본질'을 바라보면 주변의 변화에도 흔들리지 않는 확신이 생겨나게 됩니다. 세대를 이어가는 저희 부자들의 확신만큼 이 책을 읽는 독자 여러분들의 마음도 그러하길 소원합니다.

2017년 11월 그의 서재에서

이상석

차례

제3장　함께 전진하는 'We' 프로젝트

제4장　비즈니스맨십을 위한 자기관리

성공적인 네트워크마케팅을 위한 실전편

왜 나하고 사업을 같이 하지 않을까?

제1장

'1인 사업자 시대

1인 사업자 시대

말은 태어난 지 30분 만에 걷습니다. 인간은 걷는데 1년이 걸리지요. 원숭이는 태어나자마자 어미의 털을 붙잡고 젖을 먹지만 인간은 그조차 못합니다. 이건 인간이 1년 먼저 태어났기 때문이랍니다. 70만 년 전에 뇌가 600cc에서 1,300cc로 커지면서 자궁을 통과하지 못할까 봐 미리 나온다는 얘기지요. 흥미로운 건 그렇게 1년 먼저 나오고도 은퇴 이후의 수명이 대폭 늘어났다는 사실입니다.

1960년만 해도 한국인의 평균수명은 52.4세였는데, 2016년 현재 한국인의 평균수명은 82.16세입니다. 환갑잔치를 실종시킨 긴 수명은 우리에게 축복일까요? 건강하게 활동하면서 먹고살 걱정을 하지 않아도 된다면 축복이겠지요. 이것은 인생을 어떻게 설계하느냐에 달렸습니다. 가장 이상적인 것은 '1인 사업자'가 되어 시간이나 나이에 구애받지 않고 자유롭게 일하는 것입니다.

하필이면 왜 '1인 사업자'냐고요? 간단하게 하나만 생각해봅시다. 은퇴 이후에 여러분은 무엇을 할 생각입니까? 재취업을 한다고요? 각종 통계 자료에 따르면 은퇴자의 평균연령이 50세 전,후로 나타나고 있고 이들에게 남는 재취업 자리는 주로 경쟁률이 6대 1에 달하는 환경미화원, 70대 노인이 거의 다 차지한 아파트 경비원 그리고 주유소 시간제 일자리가 고작입니다. 그게 아니면 모아둔 넉넉한 돈으로 직원들을 고용해 사업을 할 건가요? 쉽지 않지요. 은퇴 후에 남는 40년, 무려 8만 시간이라는 긴 수명을 생각한다면 우린 어쩔 수 없이 일생에 한번쯤은 자기사업을 해야 합니다. 그것도 대개는 모아둔 돈이 부족해

'1인 사업'을 할 수밖에 없을 겁니다.

결국 우린 혼자서 할 수 있는 일을 찾아야 합니다. 여기에다 건강을 생각해서 스트레스를 덜 받도록 시간에 구속되지 않고 여러 사람과 어울리며 즐겁게 일할 수 있어야 합니다. 한마디로 우리는 '즐거운 마케터'를 평생직업으로 삼아야 합니다. 능력이든 지식이든 물건이든 누군가가 필요로 하는 것을 즐거운 마음으로 건네줄 수 있어야 한다는 말입니다.

여러분은 어떤 마케터입니까? 아니, 어떤 마케터가 되고 싶습니까? 자급자족과 거리가 먼 오늘날 먹고살려면 우리에게 '마케팅'은 필수입니다. 단, 그것을 최적의 조건에서 해낼 기회를 알아내야 합니다. 그래야 21세기의 고단한 생태계 속에서도 행복한 라이프스타일을 누릴 수 있습니다.

이 책은 바로 그 '기회'를 다루고 있습니다.

1. 익숙하지만 궁금한 말, '마케팅'

입에 익숙해서 그냥 사용하긴 해도 그 정의를 내리라면 난감해지는 용어가 종종 있습니다. '마케팅'도 그중 하나입니다. 대체 마케팅이란 무엇일까요?

> "마케팅이란 고객이 필요로 하는 것과 원하는 것을 파악해 기업이 생산하는 제품 및 서비스를 이에 맞게 취급하는 활동이다."

미국 마케팅협회(AMA)에서 내린 마케팅의 정의입니다. 여기서 중심적인 단어는 '고객', '필요', '원하는 것', '활동'입니다. 이처럼 마케팅은 흔히 생각하듯 단순히 '영업'이 아니라 복합적인 개념을 담고 있습니다.

어쩌면 우리는 지금 '밥 먹자'는 말보다 '마케팅'이라는 말을 더 많이 사용하고 있을지도 모릅니다. 너나없이 '고객'을 붙잡기 위해 밤낮으로 고심하는 시절이니까요. 고객이 없으면 내 입에 밥이 들어가지 않습니다. 가령 교수-학생, 의사-환자, 정치인-국민, 네트워커-고객, 언론인-독자의 관계처럼 세상의 모든 사람은 마케터가 되어 자기 밥그릇을 챙기며 살아갑니다.

더구나 지금은 공급 과잉 시대입니다. 즉, 구하는 사람보다 주려는 사람이 더 많습니다. 그럼 마케팅 경쟁에서 밀리지 않으려면 어떻게 해야 할까요? 다시 말해 고객이 내 능력, 지식, 노하우, 기술, 물건을 더 많이 사용하게 하려면 어찌해야 할까요? 간단합니다. 고객이 원하는 제품 및 서비스를 제공하면 됩니다. 그처럼 고객의 선택을 받기 위해 애쓰는 모든 활동이 바로 마케팅입니다. 당연한 얘기지만 지금은 공급자의 생존이 고객에게 달려 있는 시대이니만큼 '고객관리'는 기본자세입니다.

그 마케팅에 '네트워크'라는 말을 붙이면 어떻게 될까요? 그 정의는 간단합니다.

> "네트워크 마케팅은 고객이 필요로 하는 것과 원하는 것을 충족시키기 위해 제품 및 서비스를 네트워크를 통해 제공하는 일련의 활동이다."

즉, 네트워크 마케팅은 네트워크를 통해 고객만족을 실현하는 겁니다. 이러한 정의에 걸맞게 정통 네트워크 마케팅 회사는 고객만족에 초점을 두고 지속적으로 우수한 제품을 개발 및 공급합니다. 한마디로 정통 네트워크 마케팅 회사는 고객만족을 위한 제품력을 갖추고 있습니다.

반면 외형적인 시스템만 흉내 낼 뿐 고객을 만족시키지 못하는 불법 네트워크 회사의 제품은 질적 수준이 형편없습니다. 제품력이 따라주지 않으면 네트워크 마케팅 회사는 거품이 낀 상태에서 인적 판매로 흐를 수밖에 없습니다. 이는 불법 네트워크 회사가 흔히 저지르는 행위로 자멸하는 지름길입니다.

아무튼 경쟁력 있는 제품은 네트워크 마케팅에서 성공의 필수요소에 속합니다.

2. 네트워커는 세일즈맨이 아닌 마케터다

'마케팅' 하면 으레 영업이란 말이 떠오릅니까? 말장난 같지만 마케팅과 영업은 분명 다른 개념입니다. 쉽게 설명하기 위해 그 범위를 원으로 그린다면 영업이라는 원은 마케팅이라는 원 안에 쏙 들어갑니다. 개념상으로 마케팅이 훨씬 더 범위가 넓다는 얘기입니다.

마케팅은 크게 세 단계로 나뉩니다.

1단계는 '프리 세일(Pre-Sale)'입니다. 즉, 판매 전 단계의 활동을 말합니다. 판매하기 전에 고객의 욕구를 파악해 상품을 만들고 널리 알려 광고 및 홍보하는 과정입니다.

2단계는 '세일(Sale)'입니다. 이것은 만들고 알린 상품을 고객에게 파는 행위를 말합니다. 우리가 흔히 '영업'이라고 부르는 활동이 여기에 속합니다.

3단계는 '애프터 세일(After-Sale)'입니다. 이는 판매 후의 정리 활동으로 보통 애프터서비스(A/S)라고 부

룹니다. 이때 고객의 불만을 처리하거나 사후관리를
합니다.

이처럼 마케팅은 영업보다 상위 개념입니다. 마
케팅 안에 영업이 포함되는 겁니다.

여기서 우리가 궁금해지는 것은 '네트워크 마케팅은
일반 마케팅과 어떻게 다른가' 하는 점입니다. 네트워크
마케팅은 다음과 같이 크게 두 가지 점에서 일반 마
케팅과 차이가 있습니다.

> ▶ 마케팅 활동을 일반 유통 방식이 아닌 네트워크 방식
> 으로 전개합니다.
> ▶ 네트워커는 마케팅의 1, 2, 3단계를 책임지며 그 대가
> 로 회사로부터 커미션을 받는 사업자입니다.

네트워커는 단순히 영업을 하는 사람이 아닙니
다. 네트워커는 자기사업을 하는 사장으로 마케팅의
1, 2, 3단계를 책임지고 총괄하는 대가로 소득을 올
립니다. 예를 들어 일반 화장품 회사의 외판원이 영

업자라면 네트워커는 영업자이자 사업자라고 할 수 있습니다. 즉, 네트워커는 영업을 사업으로 승화시킵니다. 그 사업은 네트워크 내에서 이뤄지고 시간이 흐르면서 네트워크가 확장되면 네트워커는 많은 사업소득(권리소득)을 창출하게 됩니다.

네트워커가 사람들을 만나 영업을 하는 것은 미래를 위해 초석을 놓는 활동입니다. 이 단계에서 네트워커는 가급적 많은 사람을 만나 네트워크를 구축해 나가야 유리합니다. 이는 일반 사업을 할 때 손익분기점에 이르기까지 노력과 시간을 쏟아 붓는 것이나 마찬가지입니다. 그러므로 이 단계에서는 노력에 비해 결과가 다소 실망스럽더라도 자긍심을 갖고 미래를 향해 나아가는 것이 좋습니다. 인적 네트워크라는 기초를 탄탄히 다져놓아야 그것을 딛고 크게 성장할 수 있기 때문입니다.

3. 간단하면서도 힘 있는 사업구조

일반 사업과 네트워크 마케팅 사업의 구조 및 형태가 완전히 다른 것은 아닙니다. 물론 일반 기업과 네트워크 마케팅 기업에는 여러 차이가 있지만 공통점도 존재합니다.

먼저 일반 기업을 생각해봅시다.

일반 기업은 보통 연공서열을 기준으로 해서 종업원에게 급여를 제공합니다. 기업에 고용된 고위관리자나 중간관리자, 일반직원은 부서별로 할당된 업무를 처리하고 대가를 받습니다. 이들이 열심히 일해서 올린 기업의 매출은 원가와 비용 등을 제외하고 순이익으로 돌아옵니다. 알고 있다시피 그 순이익은 기업의 정책에 따라 주주에게 돌아갑니다.

네트워크 마케팅 기업 역시 주식회사처럼 순이익을 주주들에게 배분합니다. 그러나 사람을 고용 및 활용하는 측면에서는 일반 기업과 큰 차이가 있습니다. 네트워크 마케팅 기업과 파트너 관계로 일하는 네트워커는 연공서열을 기준으로 한 고정급여를 받지 않습니다. 대신 누구나 똑같은 조건에서 출발해 자신의 활동 결과에 따른 대가를 공정하게 받습니다. 여기서 '똑같은 조건'이란 과거의 경력이나 노하우, 학벌 등 어떠한 조건에서도 차별이 없다는 의미입니다. 과거에 흥했든 망했든 상관없이 내 사업을 시작하되, 사업상의 조건은 누구에게나 똑같다는 얘기입니다. 또한 네트워크 마케팅 사업에서는 누구나 일한 만큼 공정하게 가져갑니다.

'자신이 일한 만큼 공정하게 갖는' 사업구조는 두 가지 결과를 낳습니다.

▶ 열정적으로 도전하는 사람은 기대한 만큼 큰 수확을 얻습니다.

▶ 눈치를 보아가며 대충 일하거나 요령을 피우는 사람은 딱 그만큼의 대가밖에 얻지 못합니다.

결과가 이렇다 보니 간혹 문제가 불거지기도 합니

다. '돈은 많이 벌고 싶고 일하기는 싫은', 소위 얌체형 사업자가 불법적으로 성과를 부풀리는 경우가 있기 때문입니다. 다시 한 번 말하지만 네트워크 마케팅에서 수입의 토대는 네트워크입니다. 그러므로 내 사업을 시작해 손익분기점을 맞추겠다는 각오로 우선 네트워크를 구축해야 합니다.

네트워크를 구축하지 않고 무조건 판매에만 열을 올리면 불법적으로 흐르다가 제 발등을 찍게 됩니다. 이들은 결국 큰 수렁에 빠지지만 결코 자신에게 문제가 있다고 생각하지 않습니다. 누구도 권하지 않는 방식으로 스스로 무덤을 파고는 그저 타인, 회사, 시스템을 탓하기 바쁩니다.

네트워크 마케팅은 일반 마케팅과 달리 네트워크 내에서 사업이 이뤄집니다. 그런 의미에서 네트워크만 탄탄히 구축하면 일반 마케팅보다 훨씬 더 수월하게 사업을 전개할 수 있습니다. 이것은 일반 가게에서 단골고객을 충분히 확보한 것이나 다름없습니다. 단골고객을 확보하면 가게는 절대 망하지 않지요. 여기에 더해 탄탄한 네트워크는 가게만 돈을 버는 게 아닌 고객도 돈을 버는 구조로 이뤄져 있습니다. 나만 잘 먹고 잘 사는 게 아니라 너와 내가 함께 잘 사는 윈윈(win/win)의 구조입니다.

우리는 이러한 현실을 객관적이고 중립적으로 바라볼 줄 알아야 합니다. 네트워크 마케팅은 70여 년이라는 역사를 바탕으로 미국, 캐나다, 유럽 각국, 일본 등 전 세계 50개 이상의 나라에서 활발하게 성장하고 있는 유통 시스템입니다. 따라서 우리에게는 네트워크 마케팅의 강점을 인정하는 동시에 불법 다단계 회사나 불법 마케팅의 문제점을 지적하고 바로잡는 안목이 필요합니다.

4. 네트워크 마케팅 사업의 장단점

불법 행위를 하지 않고 시스템에 따라 착실하게 단계를 밟는 네트워커는 하나같이 네트워크 마케팅 사업의 가능성과 잠재성을 인정합니다. 스스로 혜택을 누리기도 하거니와 주위에서 그 혜택을 보는 사람을 많이 접하기 때문입니다. 실제로 네트워크 마케팅은 초기의 엄청난 루머와 뜬구름 잡는 소문을 이겨내고, 심지어 각종 단체의 압박과 견제를 극복하고 지금까지 꾸준한 성장을 이뤄왔습니다. 그러한 현실은 유통 분야에 조금이라도 관심을 기울여본 사람이면 다 아는 사실입니다.

대한민국 소비자들은 전 세계가 알아주는 '깐깐한 소비자'입니다. 그런 소비자에게 네트워크 마케팅 제품이 꾸준히 사랑받고 있다면 이제 한번쯤 그 이유를 살펴봐야 하지 않을까요? 지금 당장 어느 집엘 방문하든 네트워크 마케팅 회사의 제품을 하나쯤은 발견할 수 있을 겁니다. 그만큼 네트워크 마케팅 제품은 소비자에게 인정받고 있습니다.

그토록 제품력이 막강하다면 네트워크 마케팅의 장단점을 자세히 알아보는 게 마땅하지 않을까요? 오해가 부풀려졌든 사업자 개개인의 잘못이든 실패

한 사람이 있기에 나쁜 소문이 퍼졌을 테고, 우리는 그 내용을 정확히 알고 대처해야 합니다. 툭 터놓고 말해서 네트워크 마케팅 사업에 장점만 있는 것은 아닙니다. 세상에 존재하는 그 어느 것도 장점만 갖고 있지는 않습니다.

우리에게 필요한 자세는 장단점을 분석해 최선의 대응 요령을 알아내는 일입니다.

그런 의미에서 먼저 네트워크 마케팅 사업의 장점을 살펴봅시다.

● 일반 사업을 시작할 때처럼 큰 규모의 사업자금이 필요치 않습니다.

일반 사업을 할 경우, 소규모 가게를 하나 내려고 해도 창업자금이 보통 '억' 단위로 필요합니다. 하지만 자기사업을 고려하는 사람들은 대부분 자기자본이 적거나 거의 없습니다. 그렇다면 점포비와 인건비 등 별다른 자본금이 들지 않는 네트워크 마케팅 사업은 상당히 유리한 사업 아이템이라고 할 수 있습니다. 네트워크 마케팅 사업에서는 기본적으로 사람을 만나고 이동하는 데 드는 비용과 정보 활용에 필요한 자금만 있으면 됩니다.

● 이력서가 텅 비어도 일하는 데 아무 문제가 없습니다.

일할 마음만 있으면 학벌, 경력, 경험, 나이는 아무런 제한 조건이 되지 않습니다. 물론 미성년자는 예외입니다. 네트워크 마케팅 사업에는 학벌 콤플렉스가 존재하지 않습니다. 설령 박사학위가 몇 개씩 있어도 네트워크 마케팅 사업을 시작할 때는 처음부터 한 걸음씩 나아가야 합니다. 돈 한 푼 없어도, 사회 경험이 이력서 한 장을 채우기 힘들어도 걱정할 필요가 없습니다. 네트워크 마케팅 사업은 누구에게나 공평한 기회를 제공합니다.

● 시간 활용이 자유로워 지금 하는 일과 병행해서 부업으로 할 수 있습니다.

네트워크 마케팅 사업에는 시간적인 제약이 없습

니다. 따라서 현재 하는 일과 병행해 부업으로 사업을 할 수 있습니다. 지금의 일을 계속하면서 보험을 들 듯 미래를 준비할 수 있는 것입니다. 또 자기사업이기 때문에 상사도 없고 타인의 스케줄에 맞춰 일을 진행할 필요도 없습니다.

● 사업 네트워크를 자녀에게 유산으로 물려줄 수 있습니다.

네트워크 마케팅 회사마다 약간씩 차이가 있긴 하지만 사후에 자신의 사업권이 자녀에게 자동으로 승계되는 것은 엄청난 이점입니다. 특히 자기사업을 원하는 자녀가 탄탄한 네트워크 사업권을 넘겨받으면 유리한 상황에서 사업을 진행할 수 있습니다.

● 네트워커는 평생직업입니다.

고령화 시대에 나이에 상관없이 원하는 시기까지 일할 수 있다는 것은 커다란 특권입니다. 은퇴 이후 30~40년 동안 사람들과 자유롭게 어울리면서 일하는 것도 마찬가지입니다. 특히 네트워크 마케팅 회사는 건강식품을 취급하는 경우가 많습니다. 이는 곧 건강과 수입을 동시에 챙겨 노후를 의미 있고 즐겁게 보낼 수 있음을 의미합니다.

그밖에도 개개인이 느끼는 장점이 꽤 있겠지만 이번에는 단점을 살펴보겠습니다.

● 단기적으로 이익이 시원하게 발생하지 않습니다.

정통 네트워크 마케팅 회사의 경우, 초보 네트워커가 단기간에 큰돈을 벌기는 어렵습니다. 시스템 자체가 착실하게 단계를 밟으면서 노력한 만큼 벌 수 있는 구조이기 때문입니다. 일반 가게를 열었을 때 단골고객을 확보하는 데 시간이 걸리듯, 네트워크 마케팅에서도 네트워크를 구축하는 데 시간이 걸립니다. 어찌 보면 이것은 단점이라기보다 처음부터 너무 높은 목표를 세우거나 지나친 욕심을 부려서 생기는 문제일 수도 있습니다. 착실하게 시스템을 따르는 사람은 이런 문제를 겪지 않습니다.

● 뿌리 깊은 편견이 존재합니다.

네트워크 마케팅 사업에 대한 편견은 초기의 시행착오에서 비롯된 좋지 않은 이미지 때문입니다. 여기에다 일부 악덕업자의 그릇된 행동이 이미지 개선을 방해하고 있습니다. 더구나 사람들은 일부의 불법 행위를 네트워크 마케팅 사업 전체의 문제로 받아들이는 경향이 있습니다. 다행히 각 분야의 전문가들이 정통 네트워크 마케팅 사업을 옹호하고 또 올바른 이해를 돕기 위한 발언을 하면서 긍정적인 인식이 확산되고 있는 추세입니다.

● 가족의 강한 반발을 사기도 합니다.

앞서 말한 편견은 내 가족이라고 해서 예외가 아닙니다. 때론 네트워커가 꼼꼼한 사전조사를 거쳐 계획을 세워도 가족이 반대하는 경우가 있습니다. 가족이 반대하면 심리적으로 큰 상처를 받게 되므로 가족과의 명확한 의사소통이 필요합니다. 물론 편견을 극복하는 가장 좋은 방법은 열심히 노력해서 '성공'을 보여주는 것입니다. 성공을 부정하는 사람은 없습니다.

5. 고령화와 상대적 빈곤감의 대안

21세기를 살아가는 우리는 크게 두 가지 어려움에 봉착해 있습니다.

하나는 가파르게 진행되는 '고령화'입니다. 출생률이 줄어들고 상대적으로 노인 인구가 늘어나면서 갈수록 사회 구성원의 평균 나이가 높아지고 있습니다. 이 경우 사회 전반적으로 활력이 떨어지고 사회가 부담해야 할 비용은 늘어납니다.

2016년 조사된 현재 한국인의 평균수명은 82.16세인데, 이는 10년 전보다 5.2세 늘어난 것입니다. 그러면 건강나이는 어떨까요? 안타깝게도 그 평균수명에서 남성은 14년, 여성은 19년이나 아픈 상태로 살아갑니다. 앞으로 수명이 더 늘어나면 병석에 누워 있는 기간도 늘어날 확률이 높습니다. 그럼에도 인생 100세 시대를 맞이하는 우리 사회는 고령화에 대해 별다른 대책을 세우지 못하고 있습니다.

그 부작용은 이미 시작되었습니다. 어느 순간부터 노인 범죄나 노인 자살 기사가 빈번하게 나오고 있지 않습니까? 현 시점에서 60세 이후 남은 수명은 남성이 23년, 여성이 28년이라고 합니다. 그런데 그 세월을 일도, 낙도 없이 아픈 몸으로 살아가는 사람이 늘다 보니 여러 문제가 발생하는 겁니다. 여러분은 은퇴 이후 길게는 30년, 40년을 어떻게 살아갈 작정입니까?

다른 하나는 '상대적 빈곤감'입니다. 60년대에 대한민국은 유엔이 지정한 3대 빈곤국이었습니다. 그 대한민국이 오늘날 세계 경제사에 한 획을 그으면서 세계 7대 수출국으로 발돋움했습니다. 자, 대한민국의 GDP(국내총생산)가 무려 200배 가까이 성장

했습니다. 그렇다면 '돈'이 행복까지도 좌우하는 지금, 우리는 다들 행복해서 미칠 지경이 되어야 하지 않을까요?

아쉽지만 대한민국 국민의 행복지수는 거꾸로 곤두박질치고 있습니다. 이제는 먹을 것이 모자라 굶어죽는 사람은 거의 없지만 엉뚱하게도 자살하는 사람은 대폭 늘어났습니다. 그것이 어느 정도냐 하면 자살률이 OECD 국가 중 1위입니다. 너나없이 부족하고 없던 시절에도 이처럼 많은 사람이 자살을 하지는 않았습니다. 그런데 잘 먹고 잘살게 된 오늘날 사람들은 상대적 빈곤감 내지 상대적 박탈감에 시달리고 있고, 심지어 그것 때문에 스스로 목숨을 내던집니다.

우리 사회에 깊숙이 파고든 이 두 가지 문제는 선진화된 사회의 기본적인 특성입니다.

이제 우리도 선진국에 들어설 텐데 이러한 선진국 증후군(Developed Country Syndrome)을 어떻게 완화해야 할까요? 그 해답은 네트워커가 되는 것입니다. 나이가 들면 일정한 규칙이나 틀 없이 자유롭게 일하면서 사람들과 어울릴 수 있는 일이 필요합니다. 일을 원할 때 이런저런 조건에 구애받지 않고 할 수 있는 일이 있어야 합니다. 여기에 딱 맞는 것이 네트워크 마케팅 사업입니다.

네트워크 마케팅은 젊은 시절부터 본업과 병행해 부업으로 할 수도 있습니다. 현재의 일을 계속하면서 노후를 대비할 수 있는 것입니다. 마땅한 직장이 없는 경우에도 별다른 부담 없이 네트워크 마케팅 사업에 참여해 자기사업을 할 수 있습니다.

물론 네트워크 마케팅 사업에서 성공하기가 생각만큼 쉬운 것은 아닙니다. 이는 일반 기업에서 모든 사람이 임원이 될 수 없는 것과 마찬가지입니다. 하지만 누구나 쉽게 따라할 수 있는 시스템을 차근차근 밟아 나가면 기대 이상으로 성공할 가능성이 큽니다. 사업자금 없이 경제적으로 독립할 기회를 제공받고, 이를 자녀에게까지 물려줄 수 있으니 조건이 아주 좋은 기회라고 할 수 있습니다.

앞으로 대한민국은 점점 더 서구화할 것입니다. 이 말은 '1인 사업자'가 대폭 늘어나게 된다는 것을 의미합니다. 즉, 머지않아 자유롭게 자기사업을 하면서 인생을 즐기는 패턴이 전반적인 추세로 자리잡을 것입니다.

제 2 장

실패 없는 창업 전략

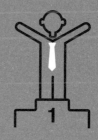

실패 없는 창업 전략

길어진 수명과 은퇴시기를 고려한다면 우리는 살면서 한번쯤은 '1인 사업자'로 나서야 합니다. 나이에 걸려서, 조건이 맞지 않아서, 갈 데가 없어서, 기타 여러 가지 이유로 말입니다. 물론 일하지 않고도 굶지 않고 살아갈 수 있다면 그보다 더 좋을 순 없겠지만 현실이 어디 그런가요?

'1인 사업자'로 나서기 위해 창업을 하는 방식에는 두 가지가 있습니다.

하나는 그동안 모아둔 쌈짓돈이나 퇴직금을 털어넣는 일반 사업입니다. 그런데 무역협회에서 발표한

통계자료가 우리를 우울하게 합니다. 2015년 말 기준 신생기업의 5년 후 생존율은 27퍼센트에 불과하답니다. 여기에다 최근 5년간 기업의 1년 후 생존율도 지속적으로 낮아지고 있고요.

그럼 자기사업을 꿈꾸는 사람들이 가장 많이 기웃거린다는 치킨점을 살펴봅시다. KB경영연구소에 따르면 2001년 이후 개업한 전국의 치킨점 중 1년 안에 휴·폐업한 가게가 전체의 18퍼센트입니다. 3년 내에 퇴출된 가게가 50퍼센트에 달하고, 10년 이상 살아남은 가게는 겨우 20퍼센트입니다. 매스컴에 거의 매일 베이비붐 세대의 창업 실패담이 실리고, 한국은행이 자영업 위기를 "폭탄"으로 정의하는 현실을 우리는 똑바로 바라봐야 합니다.

다른 하나는 교통비나 밥값 정도의 사업자금을 들여 점포 없이 네트워크 마케팅 사업을 하는 것입니다. 이 경우 제품이 공장에서 소비자에게 곧장 전달되므로 네트워커는 재고나 사업적인 서류 문제로 고민할 일이 없습니다. 단, 가만히 앉아 찾아오는 소비자만 기다리는 것이 아니라 소비자를 적극 찾아나서는 것이 유리합니다.

둘 다 자기사업이라는 점, 시간과 노력을 투자해야 한다는 점에는 차이가 없습니다. 그렇지만 그 속을 들여다보면 리스크 부담에서 엄청난 차이가 존재합니다. 일반 사업에는 대개 '억' 단위의 돈이 들어가지요. 1억만 따져도 평범한 샐러리맨이 한 달에 200만 원씩 꼬박 4년 넘게 모아야 하는 돈입니다.

반면 네트워크 마케팅 사업에는 그 정도의 투자 자금이 필요치 않습니다. 돈을 투자하지 않고도 사업을 할 수 있다는 것은 위험 부담과 실패 확률이 극히 낮다는 것을 의미합니다. 다만 한 가지는 주의해야 합니다. 그것은 사업 파트너로 정통 네트워크 마케팅 회사를 선택해야 한다는 것입니다. 그럴듯하게 네트워크 방식만 흉내 내는 악덕업자가 꽤 있기 때문입니다.

그러면 그 구체적인 내용을 알아봅시다.

1. 함께해도 좋은 회사
vs 피해야 할 회사

네트워크 마케팅의 목적은 품질이 뛰어난 제품을 판매해 그 유통마진을 소비자이자 사업자인 네트워커에게 돌려주는 데 있습니다. 이 유통 방식에서 네트워커는 점포 없이 제품을 판매하거나 소비자에게 '중개 비즈니스'에 참여하기를 권합니다. 이러한 활동에 강제는 없습니다. 소비자는 자신의 의지에 따라 제품이나 사업기회를 선택합니다. 그리고 네트워커는 자신이 노력한 만큼 보상 시스템에 정해진 대로 정확하게 대가를 받습니다.

정통 네트워크 마케팅 회사가 제안하는 시스템을 따르는 한 어디에도 불법적인 요소는 없습니다. 네트워커는 1인 사업자로서 시스템에 따라 합법적으로 사업을 진행하면 됩니다. 그럼에도 잡음이 끊이지 않는 이유는 네트워크 마케팅 방식을 모방해 불법적인 행위를 하는 악덕업체가 존재하기 때문입니다. 돈이 흐르는 곳이면 어디에든 이런 업체가 끼어들게 마련입니다. 그것은 아무리 뽑아내도 잡초처럼 계속해서 생겨나므로 사업자 개개인이 주의하는 것이 최선입니다.

불법 피라미드 업체는 품질이 떨어지는 제품을 취급합니다. 또한 회원 가입비를 받으며 점포가 없음에도 무리하게 제품을 많이 구매해 쌓아놓게 만듭니다. 사업권을 준다는 명목으로 물건을 대량으로 확보하게 하거나, 정통 보상 시스템에서 벗어나는 방식으로 운영하는 것도 그들의 수법입니다.

무늬만 네트워크 방식을 표방하는 불법 피라미드 업체는 세계 어디에나 존재합니다. 그만큼 네트워크 마케팅 방식이 매력적이기 때문입니다. 우리는 그 이점을 충분히 활용하기 위해서라도 바른 네트워크 마케팅 회사를 선별해야 합니다.

이를 위해 살펴볼 내용은 다음과 같습니다.

▶ 정통 네트워크 마케팅 회사인가?

▶ 공인된 신용도가 있는가?

▶ 합법적인 활동을 하는가?

▶ 제품 경쟁력이 있는가?

▶ 회사 문화가 건전한가?

▶ 경영진의 경영철학이 건전한가?

▶ 회사 역사가 얼마나 되었는가?

이 모든 항목에서 긍정적인 대답을 얻어야 대를 이어 함께해도 좋을 정통 네트워크 마케팅 회사입니다. 번거롭고 귀찮을지도 모르지만 출발이 건강해야 과정과 결과도 건강하다는 것을 인식하고 꼼꼼히 확인해야 합니다.

2. 일곱 가지 기본자세

새로운 일을 시작하면서 성공하고 싶은 마음이 간절하지 않은 사람은 아마 없을 겁니다. 누구나 자신이 선택한 길에서 성공하리라는 기대감을 안고 일을 시작하지요. 이때 주의할 것이 있습니다. "새 술은 새 부대에 담으라."는 말처럼 새로운 마음가짐과 자세로 임해야 합니다. 심지어 기존에 성공했던 자기 나름대로의 방식마저 내던져야 할지도 모릅니다. 과거에 얽매이면 지금까지 얻은 결과보다 더 나은 결과를 얻기는 힘듭니다.

그러니 자세를 다시 갖춰야 합니다. 다음의 일곱 가지 기본자세를 염두에 두면 많은 도움이 될 것입니다.

첫째, 자신의 과거와 경력을 한쪽으로 밀어둡니다. 왕년에 어떤 위치에 있었든 무슨 경력을 쌓았든 그것은 과거의 일일 뿐입니다. 네트워커는 누구나 공정한 출발라인에서 똑같은 조건 아래 새롭게 사업을 시작합니다.

둘째, 새로운 환경에 빨리 적응합니다. 비가 오면 우산을 펼쳐야지 해가 떴던 어제만 생각하며 마냥 비를 맞을 수는 없습니다. 새로운 길에서 성공하는 사람은 '강한 자'가 아니라 새로운 환경에 '적응하는 자'입니다.

셋째, 성공이 검증된 시스템을 따릅니다. 정통 네트워크 마케팅 회사에는 앞선 성공자들이 숱한 검증을 통해 마련한 시스템이 있습니다. 자신만의 새로운 방법을 찾았더라도 성공자의 발자취를 믿고 따르십시오. 네트워크 마케팅의 70년 역사상 수많은 네트워커가 자신만의 방법을 고집하는 실수를 하다가 고배를 마셨습니다.

넷째, 시스템을 따르되 상위 직급자의 성공 자세를 분석해 흡수합니다. 모방을 부끄러워하지 마십시오. 창조는 모방을 통해 나옵니다. 훌륭하고 모범이 되는 자세를 모방해 흡수한 다음 거기에 자신만의 성공 자세를 더하면 성공 가능성이 커집니다.

다섯째, 온몸으로 뜁니다. 머리는 냉철하게 가슴은 따뜻하게 발에서는 불이 나게 뛰어야 합니다. 분명히 말하지만 네트워크 마케팅 사업은 '자기사업'입니다. 자기사업을 시작한 사람은 사업이 안정기에 들어설 때까지 남보다 몇 배 더 뛸 각오를 해야 합니다.

여섯째, 내 역량에 맞는 전략을 수립합니다. 인정하고 싶지 않겠지만 사람에게는 수준이라는 것이 있습니다. 살아온 과정이 다르므로 생각, 행동, 통찰력 등 여러 면에서 역량에 차이가 나는 것은 어쩔 수 없는 일입니다. 그러므로 성공자의 훌륭한 점은 모방하되 내 역량에 맞게 각색해야 합니다.

일곱째, 늘 일에 집중합니다. 기자들은 특종을 잡기 위해 밤낮으로, 아니 밥을 먹으면서도 기삿거리를 생각합니다. 네트워커에게도 그런 자세가 필요합니다. '밥 먹듯이' 정도가 아니라 '자나 깨나' 사업을 생각하고 일에 집중해야 합니다.

의지를 다지고 자세만 갖춰도 네트워크 마케팅 사

업에서 성공할 가능성이 매우 큽니다. 어쩌면 네트워크 마케팅 사업에서는 그게 전부일지도 모릅니다. 일단 부딪쳐서 제대로 해보고 이 말의 진위를 판단하십시오.

3. 돈을 버는 3단계 로드맵

많은 사람이 네트워크 마케팅 사업에서 돈을 어떻게 버는 것인지 궁금해 합니다. 그 방법은 간단합니다. 소비자 네트워크를 구축해 매달 소비가 일어나게 하면 됩니다. 어떻게 하면 매달 소비가 일어나게 할 수 있느냐고요? 그것도 간단합니다. 소비자 네트워크에 참여한 사람들이 매일 쓰던 제품의 브랜드만 바꾸게 하면 됩니다.

사람이 살아가자면 먹고 자고 입느라 소비를 합니다. 네트워크 마케팅 회사는 그처럼 일상생활에 필요한 거의 모든 제품을 취급합니다. 따라서 일단 소비자 네트워크를 구축하면 소비는 자연스럽게 일어납니다. 소비자 네트워크에 참여한 사람들은 이왕이면 관심이 있는 회사의 제품을 소비하게 마련이니까요.

아, 큰돈을 버는 데 관심이 있다고요? 그렇다면 소비자 네트워크를 확보하는 것에서 한 발 더 나아가야 합니다. 즉, 소비자 네트워크를 구축하는 동시에 자신처럼 활동할 사업자를 발굴해야 합니다. 소비자 네트워크와 사업자를 계속 확대해 나가면 소비하는 동시에 돈을 버는 구조를 구축할 수 있습니다. 그것도 큰돈을 말입니다.

그럼 이 구조를 좀 더 자세히 알아봅시다. 네트워크 마케팅 사업은 다음의 3단계로 이뤄집니다.

1단계 : 소비자 구축

네트워크 마케팅 사업에서 소비자는 댐에 가득한 '물'의 역할을 합니다. 소비자가 없으면 물이 없는 댐에 수도관을 연결하고 물이 나오기를 바라는 것이나 마찬가지입니다. 따라서 일단 소비자 네트워크를 구축해야 합니다. 그런 다음 수도관을 연결해야 하는데 그 '수도관'이 바로 네트워커입니다. 결국 네트워크 마케팅 사업은 네트워커를 많이 구축하는 데 초점을 맞춰야 합니다. 댐에 물(소비자)이 가득하고 수도관(네트워커)이 잘 연결돼 있으면 여러분의 사업은 크게 번창할 것입니다.

2단계 : 소비자 중에서 네트워커 발굴하기

소비자 네트워크가 확장되고 그들이 활발하게 움직이면 그중에서 사업소득(권리수입)을 원하는 사람이 생깁니다. 그들에게 네트워크 마케팅 사업기회의 이점을 충분히 알려주어야 합니다. 그 기회를 알지 못해 활용하지 못하는 사람도 있으니까요. 한때《혼자만 잘 살믄 무슨 재민겨》라는 책이 베스트셀러가 되기도 했지요. 네트워크 마케팅 사업은 이 말을 실천합니다. 한마디로 네트워크 마케팅은 남이 성공하도록 도와야 나도 성공하는 시스템으로 이뤄져 있습니다. 그러니 남을 돕는 데 인색해서는 안 됩니다.

3단계 : 다양한 네트워커 등장

여러분이 소비자 네트워크를 구축하고 네트워커를 발굴하면 새로운 네트워커 역시 여러분을 복제(카피)합니다. 즉, 여러분이 한 것처럼 1단계와 2단계를 똑같이 따라합니다. 그러면서 여러 레그(leg)가 형성되고 여러분은 탑 리더(Top Leader)로 성장하게 됩니다. 그렇다고 오해는 하지 마십시오. 절대 상사와 부하의 관계가 아닙니다. 어디까지나 동등한 관계에서 사업을 펼쳐 나가지만 선임자는 먼저 실천한 존재로서 인격적으로 존중을 받습니다. 사업의 크기나 수입은 나중에 출발한 사람이 더 크고 많을 수도 있습니다.

이게 전부입니다. 이것이 네트워크 마케팅에서 돈을 버는 구조입니다. 보다 쉽게 설명하면 많은 자본금과 점포 없이 사업을 하되, 먼저 단골고객을 확보한 다음 함께 사업할 사람을 찾기만 하면 됩니다. 더러는 소비자 네트워크(단골고객)를 구축하지 않고 곧바로 비즈니스에 몰두하는 경우도 있습니다. 이 방법은 별로 권하고 싶지 않습니다. 소비자 네트워크가 없을 경우 마음만 앞서 무리하게 재고를 쌓아두는 악순환이 발생할 수 있습니다. 즉, 주문받지 않은 제품을 욕심껏 쌓아두는 것입니다. 그러다가 무너져서 나쁜 소문의 진원지가 되는 경우가 더러 있습니다.

기초부터 탄탄히 다지십시오. 소비자 네트워크가 구축돼 있으면 계속해서 사업을 확장해 나가는 것은 어렵지 않습니다.

4. 개인사업이자 그룹사업

밀림에 사는 군대개미는 백만 마리 정도가 집단으로 생활합니다. 여왕개미 한 마리를 중심으로 백만 마리의 개미떼가 집단생활을 하는 것입니다. 사실 개미 하나하나를 놓고 보면 인간이 손가락으로 꾹 누르기만 해도 압사당할 정도로 약합니다. 그러나 뭉치면 달라집니다. 덕분에 백만 마리의 개미 집단은 바닥을 기면서도 밀림에서 군림하며 살아갑니다.

네트워크 마케팅 사업은 개미와 마찬가지로 '집단'의 막강한 힘을 활용합니다. 즉, 개인사업인 동시에 그룹사업인 네트워크 마케팅에서는 개개인이 모두 사장이지만 그룹으로 뭉쳐야 원하는 만큼 성공할 수 있습니다.

그렇다고 어렵게 생각할 필요는 없습니다. 시스템 자체가 그룹화, 협력화를 추구하므로 자연스럽게 남을 돕게 되기 때문입니다. 남이 성공해야 나도 성공하는 시스템이므로 이는 당연합니다. 물론 함께 가겠다는 자세가 부족한 사람은 적응하는 데 애를 먹을지도 모릅니다.

네트워크 마케팅 사업을 개인사업이자 그룹사업이라고 하는 데는 몇 가지 이유가 있습니다.

● 네트워커 개개인의 힘은 그리 강하지 않지만 그들이

그룹으로 뭉치면 강한 힘을 냅니다.

사람이든 동물이든 개별적으로 흩어놓으면 그 힘은 미약합니다. 사자나 호랑이처럼 생태계의 꼭대기를 차지한다면 또 모르지만 말입니다. 그러나 뭉치면 얘기는 달라집니다. 개인사업을 하면서 1인 사업자끼리 서로 도움을 주고받는 관계를 형성할 경우 커다란 이점이 있습니다. 인터넷에 무수히 존재하는 소비자단체나 동호회, 카페 활동은 죄다 사람들이 뭉쳤을 때 어떤 힘을 낼 수 있는지 잘 보여줍니다. 애써 그룹을 꾸리려 노력하지 않아도 네트워크 마케팅에는 서로 협력하는 시스템이 이미 갖춰져 있습니다.

● 네트워크 마케팅에는 다른 조직에서 볼 수 없는 독특한 협력관계가 형성돼 있습니다.

네트워커는 개개인에게 부족한 부분을 스폰서와 파트너, 형제라인의 도움을 받아 보완하는 경우가 많습니다. 다시 한 번 말하지만 네트워크 마케팅은 타인의 성공이 내 성공에 큰 보탬이 되는 구조로 되어 있기 때문에 이런 일이 자연스럽게 일어납니다.

● 네트워크 마케팅 사업에서는 그룹과 함께하지 않으면 성공에 한계가 있습니다.

물론 그룹으로 일하기 싫다면 개인적으로 혼자 뛸 수도 있습니다. 네트워크 마케팅에서는 누구도 타인에게 무언가를 강요하지 않고 또 독립적인 생태계에 익숙한 사람도 있을 테니까요. 하지만 개인의 힘과 그룹의 힘은 굳이 비교해서 설명하지 않아도 잘 알 것입니다.

● 의욕이 가라앉을 때 그룹 구성원의 움직임을 보면서 힘을 얻을 수 있습니다.

우리의 에너지가 늘 똑같은 양으로 나오는 것은 아닙니다. 올라갈 때가 있으면 내려갈 때도 있지요. 이를 두고 흔히 '바이오리듬'이라고 하지요. 에너지가 떨어졌을 때 그룹 구성원들이 서로 용기를 북돋

워주면 힘을 얻게 됩니다.

네트워커로 성공하려면 일차적으로 좋은 회사를 선택해야 합니다. 그다음으로 중요한 것은 좋은 그룹과 함께 일하는 것입니다. 좋은 그룹을 만나 서로 상승 에너지를 주고받으면 그것은 엄청난 성공 촉매제로 작용합니다.

5. 선진국형 사업

선진국형 사업과 후진국형 사업이 따로 있느냐고요? 있습니다. 선진국형 사업은 신용과 시스템이 뒷받침되어야 사업이 가능합니다. 이 기준은 정통 네트워크 마케팅 회사와 무늬만 흉내 내는 악덕 피라미드 회사를 가늠하는 잣대이기도 합니다. 피라미드 회사는 신용과 시스템을 갖추지 못해 흉내만 내다가 무너지는 경우가 많습니다.

알고 있다시피 네트워크 마케팅 사업은 선진국에서 시작되었습니다. 네트워크 마케팅 사업을 하려면 사회적 환경이나 경제적 수준이 일정 조건을 충족시켜야 하기 때문입니다. 그런 의미에서 네트워크 마케팅 회사들은 해외로 진출할 때 먼저 그 나라의 경제력을 따집니다. 선진국형 시스템을 받아들일 만한 환경이 조성돼 있는지 파악하는 것입니다.

그 근거를 좀 더 자세히 살펴봅시다.

일단 사회가 선진화할수록 소비자들이 현명해집니다.

현명한 소비자들은 자신이 제대로 값을 매긴 제품을 사용하는지 꼼꼼히 따집니다. 당연한 얘기지만 중간 유통 과정이 복잡할수록 제품 값은 비싸지지요. 오늘날 TV 홈쇼핑, 인터넷 쇼핑몰, 네트워크 마케팅이 환영받는 이유는 소비자가 중간 유통마진을 없앤 직접판매를 선호하는 까닭입니다. 소비자가 가격에 민감하다는 것은 가격비교 사이트가 활성화되어 있다는 점에서도 잘 드러납니다. 그런데 한국에서 직접판매가 차지하는 비율은 아직 15퍼센트 정도에 불과합니다. 미국의 약 70퍼센트에 비하면 상당히 낮은 수준입니다. 물론 그 비율은 갈수록 높아질 것입니다. 실제로 젊은층을 중심으로 직거래가 계속해서 늘어나는 추세입니다.

또한 네트워크 마케팅 사업이 활성화되려면 신용사회가 정착되어야 합니다.

네트워크 마케팅 사업은 '신용'이 정착되지 않은 후진사회에 진출하기가 어렵습니다. 예를 들어 네트워크 마케팅은 신뢰를 바탕으로 한 정확한 배달과 결제 시스템, 반품제도 등을 필요로 합니다. 그렇지만 후진사회는 신용보다 눈가림이 많고 고객에게 신뢰를 주는 비즈니스가 성립되지 않아 직접판매를 정착시키기가 힘듭니다. 후진국의 직접판매 비율이 낮은 이유가 여기에 있습니다.

마지막으로 네트워크 마케팅 기업이 취급하는 제품은 주로 건강과 미용 쪽입니다.

총생활비에서 식음료가 차지하는 비율을 엥겔지

수라고 하는데, 선진국으로 갈수록 엥겔지수는 낮아
집니다. 먹는 데 쓰는 비율이 낮으면 그만큼 여윳돈
이 생기게 마련입니다. 먹는 문제가 해결될 경우 사
람들은 보통 건강과 미용 쪽으로 관심을 돌리지요.
그것은 한국에서 웰빙과 힐링 열풍이 수그러들지 않
는 것만 봐도 알 수 있습니다. 선진국일수록 고객의
욕구는 생필품보다 건강, 미용 쪽으로 급속히 확산
됩니다. 등 따습고 배가 부르니 양보다 질을 생각하
고 또 건강과 미용을 따지는 것이지요.

한국은 지금 선진국의 문턱에 서 있습니다. 그 문
턱을 넘으면 폭발적인 변화가 일어날 것입니다. 그
만큼 이 중요한 시점을 냉철하게 바라볼 필요가 있
습니다. 한국이 선진국으로 성큼 들어섰을 때 우리
앞에 차려질 푸짐한 밥상을 받으려면 지금이라도 숟
가락을 마련하는 것이 좋습니다. 네트워크 마케팅은
선진국 대한민국이 차려주는 밥을 떠먹도록 해줄 숟
가락입니다.

6. 실패율을 낮추는 간단한 힌트

자기사업을 시작해서 실패하고 싶은 사람은 아무도 없을 겁니다. 그래도 실패하는 사람은 나옵니다. 어떤 일에서든 실패하는 사람은 꼭 있지요. 사실 네트워크 마케팅은 제로섬 게임이 아닙니다. 내가 성공하면 다른 누군가는 실패하는 게임이 아니라는 말이지요. 그럼에도 실패하는 사람은 존재합니다.

왜 그럴까요?

지금까지 어떻게 살아왔든 누구나 똑같은 조건 아래에서 출발하는데, 왜 누구는 성공하고 또 누구는 그렇지 못할까요? 세상에 원인 없는 결과는 없습니다. 좋은 결과든 나쁜 결과든 아웃풋(output)은 인풋(input)에 따라 달라지게 마련입니다. 즉, 넣은 대로 나온다는 얘기입니다.

만약 여러분이 그런 함정에 빠졌다면 딱 세 가지만 자문해보십시오.

하나, "내가 너무 큰 것만 바라보고 기초를 무시

하는 것은 아닌가?"

　네트워크 마케팅 사업이 큰 사업인 것은 맞습니다. 하지만 아무리 큰 사업도 출발은 똑같습니다. 다시 말해 기초부터 탄탄히 다져 나가야 합니다. 네트워크 마케팅에서 기초란 소비자 네트워크를 구축해 그 안에서 제품 유통이 일어나게 하는 것을 말합니다. 이 '마케팅' 단계를 무시하고 다음 단계로 넘어가려 하면 사업은 잘 진행되지 않습니다. 이것은 마치 걸음마도 배우지 않고 달리려고 하는 것과 같습니다. 대기업이든 중소기업이든 하다못해 구멍가게를 하더라도 마케팅 없는 사업은 성립되지 않습니다. 그것은 네트워크 마케팅 사업도 마찬가지입니다.

　둘, "내가 이 사업을 너무 쉽게 여기는 것은 아닌가?"

　이론적으로만 보면 이보다 더 쉽고 간단한 사업은 없습니다. 그러나 머리로 이해하는 것과 현장에 나가 직접 부딪치는 것은 별개의 문제입니다. 세상의 그 어느 것도 생각만으로 혹은 머릿속의 그림만으로 이뤄지는 것은 없습니다. 현장에 나가 직접 부딪쳐야 변화가 일어납니다. 막연하게 '어떻게든 되겠지'하는 생각은 버려야 합니다. 내가 노력하지 않았는데 어떻게든 되는 건 없습니다. 사업에서 성공한 사람들은 하나같이 어떤 형태로든 어려움을 이겨내고 전진한 사람들입니다. 그 결과만 바라보며 부러워하지 말고 그들이 견뎌온 과정에 주목하십시오.

셋, "내가 몸은 움직이지 않고 입으로만 떠드는 것은 아닌가?"

사업을 하려면 기본적인 '마인드'를 갖춰야 합니다. 최소한 손익분기점을 넘어설 때까지는 죽어라고 매달려보겠다는 정도의 마인드는 있어야 하지요. 이제 사업을 시작했으니 단골고객을 확보할 때까지, 즉 소비자 네트워크를 구축할 때까지는 어떠한 시련도 감내하겠다고 결심해야 합니다. 그리고 현장에 나가 소비자를 만나고 또 만나야 합니다. 소비자가 알아서 찾아올 때까지 기다리는 수동적인 자세로는 기대한 만큼의 소득을 올리기 어렵습니다.

소비자 네트워크를 구축하다 보면 마니아 소비자를 만나게 됩니다. 그들 중에서 네트워커로 나설 사람을 발굴해야 합니다. 이것은 굉장히 중요한 과정입니다. 먼저 소비자를 확보한 뒤 마니아 소비자 중에서 네트워커를 발굴하는 것 말입니다.

이 과정을 머리로만 할 수는 없습니다. 애초에 가만히 앉아 눈먼 돈을 챙기기 위해 이 사업에 뛰어든 것이라면 길을 잘못 들어선 셈입니다. 그게 아니라 제대로 해보기 위해 참가한 것이라면 정말 '제대로' 해보십시오.

위의 세 가지를 자문해서 스스로 부족하다고 생각한다면 더 분발해야 합니다. 사업이 폭발하지 않는 이유는 바로 거기에 있기 때문입니다. 그것만 극복하면 실패율은 거의 제로 수준으로 떨어질 것입니다.

성공적인 네트워크마케팅을 위한 실전편

왜 나하고 사업을 같이 하지 않을까?

제3장

함께 전진하는
'We' 프로젝트

함께 전진하는 'We' 프로젝트

우리가 흔히 알고 있는 '일반 사업'은 악마와의 싸움이나 마찬가지입니다. 실패하면 곧바로 신용불량자나 사기꾼이 되어버리니까요. 그 사람이 성실하게 일했든 아니든 상관없습니다. 실패는 곧장 낭떠러지입니다. 소규모 사업자를 위한 대한민국의 사회적 시스템은 상당히 취약합니다. 숱한 가정을 박살내고 여전히 많은 사람을 핍박하는 연대보증제도가 이제야 폐지된 것만 봐도 알 수 있습니다. 물론 그것도 부분적으로 남아 있으며 기존의 연대보증인은 계속해서 압박을 받으며 살아가고 있습니다. 아마 주변에 사업이 힘들어져서 곤란을 겪거나 그들과 관련돼 고통스러워하는 사람이 한둘쯤은 있을 겁니다.

숫자를 좋아하는 사람들을 위해 간단한 통계치 하나만 알려드리지요. 통계청은 2012년부터 기업의 창업과 폐업에 관한 '기업생멸 행정통계 보고서'를 내놓고 있습니다. 최근 보고서인 2015년의 수치는 사업자등록 자료와 납세내역 등을 기반으로 기업의 신생 및 소멸 상태를 조사한 결과를 종합하여 공개되었지요. 과연 일반 사업의 현주소는 어떨까요? 새로 문을 연 기업의 절반 이상(52.5%)이 2년 내에 폐업하는 것으로 나타났습니다. 특히 1인 기업 생존율은 2인 이상의 기업보다 15퍼센트 포인트 이상 폐업 비율이 높았지요.

비즈니스 현실은 냉혹합니다. 그러므로 사업을 하되 어떤 사업을 할 것인지 냉철하게 분석해봐야 합니다. 사업이라고 다 같은 사업이 아니니까요. 네트워크 마케팅 사업은 여러 면에서 일반 사업과는 다릅니다. 무엇보다 큰 사업자금이 드는 게 아니므로 '돈' 때문에 힘들 일은 거의 없습니다. 덕분에 리스크 부담률이 매우 낮지만 분명 사업은 사업이므로 마케팅의 세부적인 내용을 잘 알아야 합니다.

모르는 길을 헤매는 것이 아니라 아는 길로 냉큼 질러가고 싶다면 조금만 시간을 투자하십시오. 지금이 지식사회임을 굳이 강조하지 않아도 "아는 것이 힘"이라는 사실은 다들 알 것입니다.

사업자라면 누구나 마케팅을 잘해서 갈퀴로 긁듯 돈을 벌고 싶을 겁니다. 그러려면 먼저 고객, 즉 소비자를 잘 관리해야 합니다. 마케팅의 토대는 소비자입니다. 소비자가 없으면 마케팅도 존재 의미가 없습니다.

이제부터 사업과 관련해 구체적인 진행 방법을 다룰 것입니다. 내용이 좀 딱딱하고 재미없긴 하지만 어려운 것은 없습니다. 어쨌든 사업을 하자면 꼭 알아두어야 할 부분이므로 꼼꼼히 살펴봐야 합니다. 그러면 소비자 네트워크를 구축하는 방법부터 시작해봅시다.

1. 소비자 네트워크 구축하기

소비자 네트워크를 구축하는 데는 두 가지 방법이 있습니다.

하나는 주변의 아는 사람들과 접촉하는 '웜 컨택 (Warm Contact)'입니다. 웜 컨택은 잘 아는 사람들에게 자신이 하는 일이나 제품 및 서비스를 알려 고객을 확보하는 방법입니다. 잘 아는 사람들이 여러분을 신뢰할 경우, 빠른 시간 내에 최적의 소비자 네트워크를 구축할 수 있습니다. 나를 믿고 따르는 사람에게는 제품이나 사업기회를 권하기가 쉽기 때문입니다. 이런 까닭에 실제로 많은 네트워커가 주변의 아는 사람들에게 먼저 다가갑니다.

그러나 웜 컨택에는 문제점도 있습니다.

우선 지인들과 너무 사이가 가까워 여러분이 전문가로 인정받기 어렵습니다. 여러분이 성공하거나 혹은 예전과 다른 모습으로 접근해도 가까운 사람들은 여러분의 과거 모습만 생각하고 가볍게 대하는 경향이 있습니다. 어른들은 더러 이런 말도 하지요.

"아니, 쟈가 그 코 찔찔 흘리던 감나무 집 둘째 여?!"

또한 충분한 신뢰관계가 형성돼 있지 않으면 오히려 거부감이 커서 소비자 네트워크를 구축하는 데 어려움이 따릅니다. 아는 사람에게 거절당하면 상대적으로 섭섭함도 크게 마련입니다. 더 큰 문제는 주변의 지인이 생각보다 많지 않다는 점입니다. 머릿속으로 헤아릴 때는 많은 것 같지만 막상 만나려고 보면 아는 사람이 그리 많지 않습니다.

다른 하나는 전혀 안면이 없는 사람, 즉 모르는 사람에게 다가가는 '콜드 컨택(Cold Contact)'입니다. 이것은 자신의 과거를 모르는 사람, 한 번도 만난 적 없는 사람과 접촉하는 것이므로 시장이 무한대에 가깝습니다. 용기를 내 다가가기만 하면 자신의 경력에 관계없이 남에게 프로다운 면모를 보여줄 수 있고, 또 엄청난 잠재고객을 확보할 수도 있습니다.

물론 여기에도 단점은 있습니다. 모르는 사람에

게 다가가는 것이므로 신뢰를 쌓고 관계를 형성하는데 만만치 않은 노력과 시간이 듭니다. 무엇보다 생면부지인 사람에게 다가가는 것은 굉장한 용기를 필요로 합니다. 낯선 사람에게 말 걸기를 곤란해 하는 사람에게 이것은 커다란 난관일 수 있지요.

어쨌든 아는 사람이 한정돼 있으니 계속해서 사업을 전개하려면 콜드 컨택을 시도해야 합니다. 언제까지나 아는 사람의 테두리 안에서 머물 수는 없으니까요. 비록 힘들긴 해도 콜드 컨택을 시도하면 종종 예상치 않던 성과를 올리기도 합니다. 그럼 콜드 컨택에서 부딪치는 장애요인을 극복하는 요령을 알아봅시다.

2. 콜드 컨택의 단계별 장애요인 극복하기

혹시 '세계화'라는 말을 실감합니까? 주변에 외국인이 늘어나고 광고에 외국인과 외제가 넘쳐나는 것으로만 세계화를 실감합니까? 이젠 개인도 세계화 시대입니다. 실제로 IT업계에서는 구성원 몇 명이 세계 정복을 목표로 열심히 뛰는 경우도 많습니다. 세계가 워낙 네트워크망으로 촘촘히 연결돼 있다 보니 한국에 앉아 선진국을 호령하는 것도 가능합니다.

갑자기 왜 세계화를 들먹이느냐고요? 아, 네트워크 마케팅도 1인 사업자로 시작해 세계화가 가능하기 때문입니다. 그러려면 당연히 콜드 컨택에 도전해야 합니다. 마이크로소프트의 에릭 호비츠 연구원은 2006년 6월 전 세계 MSN 메신저 이용자 1억 8,000만 명이 주고받은 3,000억 건의 메신저 기록을 조사한 결과를 발표했지요.

"두 사람은 평균 6.6단계만 거치면 연결된다!"

정말 대단한 세상입니다. 너무 파헤쳐지고 지나치게 알려져서 다소 피곤하기도 하지만 아무튼 우리는 지금 그런 세상을 살아가고 있습니다.

마음만 먹으면 여러분은 계속해서 명단을 늘려 나갈 수 있습니다. 물론 방법은 둘 중 하나입니다. 아는 사람에게 소개를 받거나 아니면 직접 낯선 사람과 만나거나. 콜드 컨택을 시도할 경우 다음의 6단계 과정을 거칩니다. 이것은 접촉을 시도하는 단계부터 어떤 결과를 내기까지의 과정을 말합니다.

그러면 그 단계별 장애요인과 해결방안을 살펴봅시다.

1단계: 접촉을 시도한다.

장애요인: 자존심이 상한다, 두렵다, 비굴한 느낌이 든다

해결방안: 분명한 목표 설정하기, 무작정 들이대고 보는 연습하기

2단계: 대화를 시도했지만 할 말이 부족하다

장애요인: 제품 상식 부족, 대화술 부족

해결방안: 제품 정보 학습, 상황에 따른 멘트 준비

3단계: 대화를 해도 상대방의 반응이 냉랭하다

장애요인: 제품에 대한 확신 부족, 대화술 부족

해결방안: 제품을 직접 사용해보고 확신 갖기, 자료 준비하기, 멘트 및 데몬스트레이션(實演) 준비

4단계: 상대방이 반응을 보이긴 해도 더 이상 진전이 없다

장애요인: 확신을 심어주려는 의지력 부족, 대화술 부족

해결방안: 확신을 주는 대화법, 데몬스트레이션

5단계: 상대방이 호응은 하는데 결과가 없다

장애요인: 상대방의 경제적 상황이 여의치 않거나 확신 부족

해결방안: 확신과 들이대기, 다음 번 미팅 기약하기

6단계: 대화를 통해 결과를 맺는다

원하는 결과를 낸 후에는 철저한 후속조치, 즉 팔로업(Follow up)으로 지속적인 고객화 작업 및 신규고객 소개 유도 작업을 해야 합니다. 네트워크 마케팅에서는 물 한 방울이 계속 떨어져 바위를 뚫는 것과 마찬가지로 '꾸준히' 나아가는 자세가 매우 중요합니다.

3. 가장 이상적인 조합

웜 컨택(아는 사람 접촉)에는 한계가 있고 콜드 컨택(모르는 사람 접촉)에는 극복해야 할 장애요인이 있다면, 마케팅의 대가들은 어떤 길을 선택할까요? 마케팅의 대가들이 가는 정도(正道)는 한마디로 '원친근공(遠親近攻)'입니다. 이것은 외부의 모르는 사람과 먼저 친해져 발을 넓힌 다음 가까운 지인을 공략하는 것을 말합니다.

마케팅의 대가들은 이 전략으로 일단 소비자 네트워크를 구축한 뒤 그들에게 소개를 받습니다. 즉, 거절을 즐기면서 끊임없이 콜드 컨택을 합니다. 거절을 즐기는 것은 쉽지 않은 일이지만 거기에 익숙해질 필요는 있습니다. 개개인의 개성이 죄다 다른 세상에서 모든 사람이 내 마음과 같기를 기대해서는 안 됩니다. 그건 불가능한 일이니까요. 모두가 아니라 그저 '나와 마음이 맞는 사람'을 찾기만 하면 됩니다.

정리하자면 마케팅의 대가들은 먼저 모르는 사람과 접촉합니다. 재미있는 건 모르는 사람과 아는 사람의 경계가 백짓장 한 장 차이밖에 나지 않는다는 것입니다. 지금까지 모르던 사람도 인사하고 몇 마디 대화를 나눈 뒤에는 금세 아는 사람이 됩니다. 나아가 그 사람에게 소개를 받으면 관계가 더욱 넓어집니다. 그렇게 콜드 컨택으로 네트워크가 확장되고 사업이 번창하면 웜 컨택은 아주 쉬워집니다. 누구보다 가까운 사람들이 먼저 성공을 볼 수 있으니까요.

그러면 웜 컨택과 콜드 컨택이 어떻게 성장해 가는지 살펴볼까요?

웜 컨택으로 구축한 소비자 네트워크를 잘 관리하면, 그들에게 소개받는 '웜-소개' 고객을 확보할 수 있습니다. 이들은 네트워크 마케팅 사업을 성장시키는 원동력이 됩니다. 콜드 컨택으로 소비자 네트워크를 구축하면 그때부터 그 소비자는 웜으로 분류할 수 있습니다. 만약 그들에게 소개를 유도할 경우 이는 '웜-소개'가 됩니다.

결국 '웜 컨택 → 웜-소개' 그리고 '콜드 컨택 → 웜 고객화 → 웜-소개'로 나아가는 것이 네트워크 마케팅 사업의 성장 과정입니다.

마케팅의 대가들은 왜 콜드 컨택을 먼저 시도하는 걸까요? 언뜻 이해하기가 쉽지 않을 수도 있지만 지금까지 다양한 네트워커를 관찰 및 분석한 결과, 웜 컨택으로 성공하는 네트워커보다 콜드 컨택으로 성공하는 네트워커가 더 많은 것으로 나타났습니다.

여기에는 크게 세 가지 이유가 있습니다.

첫째, 상당수의 네트워커가 사회에서 성공한 경험이 많지 않은 사람들입니다. 이들이 네트워크 마케팅 사업을 시작하려 할 때 주위에서 반대하는 경우가 많아 웜 컨택은 오히려 어려움을 줍니다.

둘째, 웜 컨택에 자신이 없을 경우 아예 콜드 컨택을 시도해 사업을 펼쳐 나가는 것이 의지를 불태우는 데 유리합니다. 모르는 사람을 만나는 것이므로 더욱 의지를 다잡을 수 있고, 거절을 당해도 아는 사람이 아니라서 마음의 상처를 덜 받기 때문입니다.

셋째, 웜 컨택으로 시작해도 사업을 굳건하게 펼쳐 나가려면 웜 컨택에만 의존하지 않고 지속적으로 콜드 컨택을 해야 합니다. 그것이 무한한 시장성에 도전하는 길입니다. 다양한 사람들과 폭넓게 사업을 전개해야 네트워크 그룹이 중장기적으로 강해지고 오래갈 수 있습니다.

결국 가장 이상적인 조합은 웜 컨택과 콜드 컨택을 적당히 배합해 성장하는 것입니다. 네트워커의 환경과 능력에 따라 조금 차이는 있지만 웜 컨택과 콜드 컨택을 5 대 5로 유지하는 것이 가장 좋습니다.

4. 고객관리 방법

'고객관리'란 대상고객을 잘 파악해 그들의 필요를 충족시켜줄 상품 및 서비스를 제공하는 것을 말합니다. 이러한 고객관리는 고객을 만족시키는 '고객만족'과 그 이상의 노력으로 고객을 감동시키는 '고객감동'으로 나눌 수 있습니다.

물론 각 기업은 고객만족을 넘어 고객감동을 자아내기 위해 안간힘을 씁니다. 물건과 서비스의 풍요가 지나쳐 공급 과잉이 되다 보니 경쟁이 치열하기 때문입니다. 예를 들어 고객은 이왕이면 스토리가 있는 물건, 환경을 생각하는 물건, 윤리를 실천하는 기업이 만든 물건을 선호합니다.

기업들은 왜 고객만족을 넘어 고객감동을 이끌어내기 위해 애쓰는 걸까요? 단순히 만족한 수준으로는 입소문이 널리 퍼져 나가지 않기 때문입니다. 고객관리의 최고목표는 고객을 감동시켜 지속적인 관계를 유지하고 더불어 그들이 주변 사람들에게 좋은 입소문을 내게 하는 데 있습니다. 인터넷이 발달하기 전이나 지금이나 입소문은 가장 광고 효과가 뛰어난 수단입니다.

고객관리에는 세 가지 방법이 있습니다.

● 형식적인 관리(Hard Touch)

이것은 누구나 하는 공식적인 관리 방식으로 대표적인 것이 스팸문자 발송입니다. 형식적인 인사말이 담긴 인쇄한 편지나 엽서도 마찬가지입니다. 물론 형식적인 관리도 하지 않는 것보다는 하는 게 낫습니다. 그렇지만 그것을 받는 사람 역시 마음이 아닌 그저 형식적으로 받아들일 뿐이라는 사실을 알아야 합니다.

● 개인적인 관리(Soft Touch)

개인적인 관리란 개개인과 개별적으로 소통하는 것을 말합니다. 이 경우 투자되는 시간은 많지만 받는 사람에게 깊은 인상을 남길 수 있습니다. 개인적으로 소통할 때는 반드시 받는 사람의 이름, 애칭, 호칭 등을 명기해야 합니다. 특히 생일이나 각종 기념일에 개인적으로 소통하는 것은 매우 효과적입니다.

● 형식적인 관리와 개인적인 관리의 병행

모두에게 공개해도 좋을 만한 정보를 공유하고자 할 때는 형식적인 관리가 바람직합니다. 반면 사적인 정보는 시간과 노력이 더 들더라도 반드시 개인적으로 관리하는 것이 좋습니다. 두 가지를 병행하는 것은 상황에 맞춰 적절히 대응할 수 있다는 점에서 가장 이상적이라고 할 수 있습니다.

어떤 방식을 선택하든 고객관리는 반드시 필요합니다. 관리란 곧 관심을 의미합니다. 관심을 받지 못하는 고객이 여러분에게 호의적으로 행동할 리는 없습니다. 다시 한 번 말하지만 마케팅 효과가 가장 큰 것은 고객관리를 통한 '구전광고', 즉 입소문입니다. 이는 네트워크 마케팅 사업도 마찬가지입니다. 그러므로 네트워커는 고객관리에 만전을 기해야 합니다.

5. 고객 관계 관리

고객은 언제 어느 때든 함부로 대해서는 안 됩니다. 기존고객이든 신규고객이든 마찬가지입니다. 설령 지금은 고객이 아니더라도 언젠가는 고객이 될 수도 있으므로 멀리 내다보고 행동해야 합니다. 항상 장기적인 관점으로 고객을 대하는 것이 유리합니다. 친절해서 나쁠 것은 하나도 없습니다. 반면 불친절은 좋을 것이 하나도 없습니다.

만약 고객이 여러분에게 불만을 품으면 그 부정적인 효과는 매우 빠르게 퍼져 나갑니다. 혹시 '11 대 3'의 법칙을 알고 있습니까? 이것은 불만족한 고객은 11명에게 불만을 털어놓고, 만족한 고객은 3명에게 만족감을 표시한다는 법칙입니다. 실제로 고객은 기대를 충족시키는 것에 대해서는 별다른 말이 없지만, 기대에 못 미치는 것에 대해서는 화가 나서 이 사람 저 사람에게 얘기합니다. 속에서 부글부글 끓는 감정을 그대로 담아두는 사람은 별로 없습니다.

이처럼 불만족은 만족에 비해 네 배에 가까운 속도로 확대됩니다. 그러므로 고객만족을 실현하려면 먼저 불만이 있는 고객을 줄이는 것이 효과적입니다.

비용 측면에서 보자면 기존고객을 잘 관리하는 것이 떠난 고객의 마음을 되돌리는 것보다 유리합니다. 여기에는 '5 대 1 법칙'이 작용합니다. 이는 마음이 떠난 고객을 다시 데려오는 데 드는 비용은 기존고객을 유지하는 데 드는 비용보다 다섯 배 더 든다는 법칙입니다. 기존고객을 잘 유지하는 것이 비용을 절약하는 지름길인 셈입니다.

고객관리의 기본 원칙을 살펴보면 다음과 같습니다.

▶ 좋은 첫인상을 남깁니다.
▶ 주변에서 기웃거리지 말고 직접 부딪칩니다.

> ▶ 반복적으로 접촉해 친근감을 높입니다.
>
> ▶ 상대방의 기억 속에 깊이 각인되도록 노력합니다.
>
> ▶ 상대방이 우호적인 분위기를 느끼게 합니다.
>
> ▶ 천천히, 꾸준하게 접촉합니다.

고객의 마음을 사로잡기 위해서는 여러분이 고객에게 어떤 평가를 받는지 알아야 합니다. 고객은 여러분을 만날 때 AVC로 판단합니다. AVC란 외모(Appearance), 목소리(Voice), 콘텐츠(Contents)를 말합니다.

먼저 고객은 외모에 해당하는 인상, 옷차림, 헤어스타일 등을 보고 여러분을 60퍼센트나 판단합니다. 발음, 어조, 말의 속도, 확신에 찬 음성 등 목소리는 30퍼센트를 차지합니다. 나머지 10퍼센트는 여러분이 말하는 콘텐츠, 즉 내용을 보고 판단합니다. AVC가 60 : 30 : 10의 비율로 여러분을 판단하는 근거가 되는 것입니다. 그러므로 여러분이 하는 일에 맞는 AVC를 잘 갖춰 성공 확률을 높여야 합니다. 나아

가 고객카드나 상담일지 등을 작성해 고객을 체계적
으로 관리해야 합니다.

6. 고객관리카드 작성 요령

고객을 잘 관리하는 최고의 방법은 꾸준한 커뮤니
케이션입니다. 계속해서 소통하는 것보다 더 나은 것
은 없습니다. 그와 더불어 커뮤니케이션을 뒷받침해
주는 고객카드와 상담일지를 작성하는 것이 바람직
합니다. '고객관리카드'라고 하니까 부담을 느끼는
사람이 있을지도 모르지만, 그건 단순히 고객의 상황
이나 대화한 내용 등을 기록한 것에 불과합니다.

고객관리카드에 일정한 형식이 있는 것은 아닙니
다. 그저 각자 적고 싶은 내용을 기록해 고객의 정보
를 모아두면 됩니다. 고객을 처음 만나는 순간부터
고객관리카드를 만들어 보관하면 고객과의 관계를
지속적으로 유지하는 데 매우 효과적입니다.

다음은 고객관리카드에 기록해두면 좋은 내용을 간단히 소개한 것입니다.

- 고객 이름
- 처음 만난 날짜 및 장소
- 고객의 생년월일
- 성별
- 고객의 가족사항
- 출신학교
- 고향
- 혈액형
- 각종 기념일
- 제품 구매일과 구매 내역
- 만나서 느낀 점
- 특기사항

고객관리카드를 자세하게 기록해두면 일정 시간이 지난 후 그 고객을 다시 만나거나 상담할 때 유용합니다. 가령 미리 고객카드를 꺼내 읽어보고 고객의 개인적인 상황을 알고 만나면 소통이 보다 쉬워집니다. 최소한 대화가 생뚱맞게 흘러가거나 헛다리를 짚고 허둥대는 일은 없을 것입니다.

고객관리카드를 기록하는 것이 번거롭다면 아는 사람들을 관리하는 데 도움을 주는 소프트웨어를 활용하는 것도 괜찮습니다. 그룹 구성원들끼리 필요한 양식을 만들어 나눠 쓰는 것도 좋은 아이디어입니다.

고객은 관리할 수 있는 대상이자 관리해야 하는 대상입니다. "있을 때 잘하라."는 말이 있지요. 앞에서도 말했지만 한 번 떠난 고객의 마음을 되돌리는 데는 기존고객을 유지하는 것보다 비용이 다섯 배나 더 든다는 사실을 기억해야 합니다.

7. 손을 잡고 함께 전진하는 관계

네트워크 마케팅 사업에서 가장 중요한 존재는 '사람'입니다. 사람과 사람 간의 네트워크가 탄탄하게 구축되어야 사업이 원활하게 진행되기 때문입니다. 그런 의미에서 스폰서와 파트너의 역할을 잘 알아두는 것이 좋습니다.

스폰서란 사업적, 인간적으로 하위 파트너를 이끌고(Lead), 도와주고(Help), 점검해주는(Check) 상위의 네트워커를 말합니다. 파트너를 이끌고 돕고 점검해주려면 스폰서가 먼저 더 많이 공부하고 연구하는 것은 물론, 좋은 인성을 길러야 합니다. 그러나 스폰서가 아무리 잘 이끌어도 파트너가 제대로 따르지 않으면 소용이 없습니다. 파트너는 스폰서를 존경하고 그들의 노고와 어려움을 이해하려 애쓰며 잘 따라야 합니다. 서로가 서로를 존중하고 보완해주는 관계라야 그 네트워크 라인이 잘 발전합니다.

더러는 스폰서와 파트너의 관계가 원만치 않은 경우도 있습니다. 사람이 하는 일이다 보니 늘 의견이 일치할 수는 없습니다. 특히 네트워크 마케팅 사업을 하는 네트워커는 학벌, 경력, 경험이 매우 다양하기 때문에 간혹 일반적인 조직보다 더 균열과 파열음이 심할 수도 있습니다. 수준과 인격에서 차이가 나는 사람들이 각자 자기 입장에서 목소리를 내면

시끄러운 것은 당연합니다.

그 이유를 구체적으로 살펴보면 이렇습니다.

첫째, 각자의 입장에서만 생각합니다. 스폰서는 파트너가 자기 말에 무조건 따르지 않는다고 불만을 터트리고, 파트너는 스폰서가 자기를 잘 보살펴주지 않는다고 생각합니다.

둘째, 성격상 서로 맞지 않는 경우도 있습니다. 가족도 성격이 맞지 않으면 티격태격하는 게 다반사입니다. 즉, 인간관계에서는 어쩔 수 없는 부분도 생기게 마련입니다.

셋째, 파트너가 불만이 생기면 무조건 차상위 스폰서에게 달려갑니다. 상위 스폰서를 젖혀놓고 차상위 스폰서와 대화하면 전체의 화목을 깨뜨려 그룹에 나쁜 영향을 미칩니다. 불만이 있으면 먼저 상위 스폰서와 상의하는 지혜를 발휘하는 것이 좋습니다.

어떻게 하면 스폰서와 파트너의 관계를 잘 유지할 수 있을까요? 몇 가지만 주의해도 즐겁게 사업을 하면서 함께 성공의 길로 나아갈 수 있습니다.

● 누구에게나 장점과 단점, 강점과 약점이 있음을 인정합니다.

파트너 중에는 스폰서가 전지전능하기를 바라거나 알아서 입에 뭔가를 넣어주기를 바라는 사람도 있습니다. 이건 지나친 욕심이지요. 바람직한 것은 스폰서에게 일방적으로 기대지 말고 내가 스폰서의 약점이나 단점을 커버해 더 강한 그룹으로 거듭날 방법이 무엇인지 생각하는 자세입니다.

● 다른 스폰서 혹은 파트너와 비교하지 않습니다.

다른 스폰서나 파트너와 비교하면서 불만을 토로하는 것은 서로의 발전에 하등 도움이 되지 않습니다. 스폰서와 파트너 관계로 맺어진 이상 주어진 조건 아래에서 최선을 다하며 서로 도움을 주고받는 것이 건강한 관계입니다.

● 의지하기보다 서로를 보완해주려고 노력합니다.

스폰서는 늘 인격적으로 한 발 앞서가도록 겸손과

포용력을 기르고, 파트너는 겸양과 예의로 스폰서를 대해야 합니다.

● 스폰서와 파트너는 상호보완 관계임을 기억합니다.

스폰서와 파트너는 부모자식보다 부부 관계에 더 가깝습니다. 따라서 위계는 있으되 서로 보완해주기 위해 노력해야 합니다. 한마디로 스폰서와 파트너는 서로 손을 잡고 전진하는 한 팀입니다.

제4장

비즈니스맨십을 위한 자기관리

비즈니스맨십을 위한 자기관리

　'사업'이 힘든 이유는 기본적으로 사업가다운 마인드를 갖추지 못한 채 달려들기 때문입니다. 주위에서 사업에 뛰어들어 잘해내는 사람을 보면 기본적인 마인드부터 다릅니다. 반대로 문제와 불화를 일으키는 사람은 이기적이고 무책임합니다. 이들은 일을 벌일 때만 장황하지 그 뒷수습을 하지 못해 주변의 모든 사람을 곤경에 빠뜨립니다. 한마디로 비즈니스맨십이 부족해서 그럽니다.

　여러분이 아무리 노력할지라도 그것이 단순히 남보다 편하게 잘살기 위해서라면 어느 순간 한계에

부딪칠 것입니다. 원대한 목표보다 당장의 현실에 더 큰 의미를 부여하면 그저 먹고사는 데 급급할 수밖에 없습니다. 사회심리학자들은 목표를 설정하고 그것을 달성하기 위해 노력하는 사람은 지구상 인구 중 10퍼센트밖에 안 된다고 합니다. 열 명 중에서 아홉 명은 그저 하루하루를 먹고살기에 바쁘다는 얘기입니다.

여러분은 어느 쪽입니까? 지금까지 어떤 자세로 살아왔든 그건 과거일 뿐입니다. 설령 지금의 모습이 실망스럽더라도 이제부터 달라지면 됩니다. 옛사람들은 어떤 일이든 시작이 반이라고 했습니다. 시작이 50퍼센트라는 것은 그만큼 '시작'이 중요하다는 뜻일 것입니다. 자, 여러분 앞에 조그마한 눈덩이가 놓여 있습니다. 그것이 떼굴떼굴 굴러가면 점점 걷잡을 수 없이 확대될 것입니다. 문제는 그것이 어느 방향으로 굴러가느냐 하는 데 있습니다. 방향을 잘 잡아야 합니다.

같은 맥락에서 만약 여러분이 네트워커의 길을 선

택했다면 비즈니스맨다운 자세로 성공을 향해 나아가야 합니다. 이를 위해 가장 중요한 것이 자기관리입니다. 그러면 지금부터 비즈니스맨십을 위한 자기관리 요소를 살펴봅시다.

1. 목표, 나를 이끄는 보이지 않는 손

인생은 소중한 여정이므로 삶의 목표를 분명히 정하는 것이 좋습니다. 그렇다고 인생이 꼭 목표대로 흘러가는 것은 아니지만, 목표가 있는 사람은 그렇지 않은 사람보다 성공할 확률이 높습니다. 목표가 분명할 경우 일이 즐겁고 모든 것에서 긍정적인 측면을 먼저 보기 때문입니다. 인생을 멋지게 살아가는 열쇠는 우리가 쥐고 있습니다.

인생의 목표를 정할 때는 다음의 몇 단계를 거칩니다.

> ▶ 자신이 진정으로 하고 싶은 것이 무엇인지 찾아냅니다.
> ▶ 자신의 강점과 약점, 장단점을 기록하고 목표 달성에 필요한 것과 개선점을 점검합니다.
> ▶ 자신의 여건과 환경을 정리 분석합니다.
> ▶ 현실적인 대안을 선정합니다.
> ▶ 목표 달성 방안을 구체적으로 마련합니다.

만약 마라토너로 성공하는 것이 목표라고 해봅시다. 그러면 자신의 강점과 약점을 기록하고 자신이 마라토너에게 필요한 체력과 인내심을 갖추고 있는지 살펴봐야 합니다. 그다음으로 자신의 여건과 환경을 분석해 거기에 맞는 전략을 수립하고 이를 실천해야 합니다. 앞날을 내다볼 수 있는 사람은 없지만 최소한 설계는 할 수 있습니다.

2. 건강, 내가 가진 전부

세상에서 가장 소중한 것을 꼽으라면 아마 가족, 돈, 친구 등이 앞서거나 뒤서거나 할 겁니다. 하지만 아무리 소중한 것도 내가 존재하지 않으면 의미가 없습니다. 혹시 '내가 없으면 이 세상은 어떻게 될까' 하는 생각을 해본 적 있습니까? 얄밉게도 여러분과 상관없이 세상은 잘만 돌아갑니다. 그러므로 내 생명, 내 건강은 내가 챙겨야 합니다. 그것이 내 모든 것이기 때문입니다.

건강하다는 것은 육체적, 정신적으로 모두 건강한 것을 말합니다. 겉보기엔 멀쩡해도 마음이 까맣게 타들어가고 있다면 육체적 건강은 얼마 버티지 못합니다. 건강은 우리에게 가장 위대한 자산입니다. 건강해야 성공이고 뭐고 해볼 수 있지 않겠습니까?

다행히 건강은 관리할 수 있습니다. 먼저 육체적 건강은 꾸준한 운동과 식사 조절로 강화할 수 있습니다. 매일 적당한 운동을 하면 육체는 늘 펄펄 살아 움직일 것입니다. 그럼 정신적 건강을 강화하기 위해서는 어떻게 해야 할까요? 딱 두 가지만 잘해도 정신 건강은 항상 OK입니다. 하나는 긍정적인 마음자세로 살아가는 것이고, 다른 하나는 늘 즐겁게 웃는 것입니다. 언제나 긍정적인 마음자세로 즐겁게 웃으면 병원에 갈 일이 없습니다.

긍정적인 마음자세는 건강한 육체에서 나옵니다. 꿩 먹고 알 먹는 방법 중 하나가 아침마다 가까운 산에 오르거나 산책하는 것입니다. 자연을 벗하면 마음이 정화되고 몸을 움직이면 육체가 단련됩니다. 건강한 육체는 정신을 맑게 만들어주며, 맑은 정신은 자신의 상황을 보다 긍정적이고 적극적으로 바라보게 해줍니다. 건전한 신체에 긍정적 사고가 뿌리를 내리므로 육체적 건강과 정신적 건강을 똑같이 관리해야 합니다.

3. 시간, 돈보다 귀한 것!

"시간은 돈보다 귀하다."고 말하면 사람들은 시큰둥한 표정을 짓습니다. 통장이 거덜 나 당장 먹고 사는 문제로 골머리가 아픈데, 시간은 공기처럼 사방에 널린 것 같기 때문입니다. 그렇다면 한 가지만 생각해봅시다. 어제저녁에 세상을 떠난 갑부가 가장 간절히 원한 건 무엇일까요? 바로 '오늘'이라는 시간입니다. 우리에게는 매일 8만 6,400초가 주어지지요. 묻어두었다가 꺼내 쓸 수도 없고, 오늘이 아니면 두 번 다시 만나기 힘든 그 시간을 여러분은 어떻게 사용하고 있습니까?

시간을 잘 관리하려면 자신이 시간을 몰고 다니는지 아니면 밀려다니는지 살펴봐야 합니다. 안타깝게도 대개는 밀려다니지요. 등을 떠미는 시간 때문에 넌덜머리가 난다면 두 가지만 바꿔보십시오. 하나는 새벽시간을 활용하는 겁니다. 아침에 방해받지 않는 1시간은 일상의 2~3시간에 해당됩니다. 다른 하나는 자투리시간을 허투루 보내지 않는 겁니다. 놀랍게도 우리가 하루에 흘려보내는 자투리시간은 무려 6시간이나 된다고 합니다. 그러니 매일 시간과 전쟁을 치를 수밖에요.

우리에게는 하루에 딱 24시간만 주어집니다. 더 쓸 수도 없고 남에게 넘겨줄 수도 없는 그 시간을 제대로 활용하려면 줄줄 새는 시간 구멍을 메워야 합니다.

다음은 시간을 효율적으로 관리하는 요령입니다.

▶ 새벽시간을 활용합니다.

▶ 약속을 잘 지킵니다.

▶ 자투리시간을 허투루 보내지 않습니다.

▶ 점심과 저녁시간을 잘 활용합니다.

▶ 주말시간을 세심하게 관리합니다.

특히 주말에는 지난주를 되돌아보고 다음 주 계획을 미리 세우는 습관을 들이는 것이 좋습니다. 그리고 일요일 오후 5시가 되면 생각과 행동을 월요일 모드로 바꿔야 합니다. 미리 대비할 경우 월요일 아침부터 일주일을 알차게 시작할 수 있습니다.

늘 '바쁘다'는 말을 입에 달고 사는 사람은 한 가지만 자문해보십시오. 중요한 일과 그렇지 않은 일을 구별하고 삽니까? 일은 중요하면서 시급한 일, 중요하지 않지만 시급한 일, 중요하지만 시급하지 않은 일, 시급하지도 않고 중요하지도 않은 일로 구분할 수 있습니다. 이 중에서 우선순위는 '중요하면서 시급한 일'입니다. 분주히 움직이긴 하지만 성과가 나지 않는 것은 일의 중요도를 구분해 대응하지 않기 때문입니다.

4. 이미지, 생긴 대로 살 필요는 없다

"쟤는 인상이 참 좋아."

이런 말을 듣는 사람에게는 공통점이 있지요. 늘 밝게 웃고 인사를 잘합니다. 대화를 할 때는 고개를 끄덕이면서 맞장구를 잘 쳐줍니다. 따지고 보면 그렇게 하는 건 그리 어렵지 않습니다. 돈이 들지도 않지요. 그렇지만 좋은 인상을 남기는 사람이 챙기는 몫은 엄청납니다.

주위에 긍정 바이러스가 둥둥 떠다니면 많은 사람이 모여들기 때문에 좋은 인간관계를 맺을 수 있습니다. 이것 하나만으로도 좋은 인상을 남겨 이미지를 관리할 이유는 충분하지 않을까요? 좋은 사람과 인간관계를 맺으면 값으로 따지기 힘든 열매가 저절로 굴러들어오니까요.

처음 3~5초간의 첫인상은 상대를 평가하는 데 대단히 중요한 척도라고 합니다. 국내 인상학 박사 1호인 주선희 씨는 아예 '얼굴 경영'을 주장합니다. 인상을 만드는 요소 중 유전자는 고작 20~30퍼센트에 불과하고, 나머지는 후천적 사회화 과정이기 때문이랍니다.

"아무리 그래도 생긴 게 울퉁불퉁한데 어쩌라고!?"

이러한 푸념이 절로 나옵니까? 한 관상학 박사에 따르면 관상을 바꾸는 데는 세 가지 방법이 있다고 합니다. 첫째는 몸에 걸치는 옷과 머리스타일, 장식품입니다. 둘째는 성형 수술입니다. 셋째는 심상(心相)입니다. 몸에 걸치는 것까지 관상에 영향을 미친다는 얘기가 흥미롭지 않습니까? 어쨌든 이 중에서 가장 중요한 것은 마음을 가꿔 심상을 좋게 하는 거랍니다. 아무리 외모가 출중해도 마음씀씀이가 나쁘면 사람들과의 관계가 오래가지 않습니다.

"사는 대로 관상이 바뀐다."는 말은 충분히 설득력이 있습니다. 인물이 잘나고 못난 것이 중요한 게 아니라, 내면세계가 충만하고 그것이 얼굴에 드러날 때 진정 멋진 사람이 되는 것입니다.

이미지를 관리하고자 할 때는 앞서 말한 AVC 법칙을 염두에 둬야 합니다. 즉 외모, 목소리, 콘텐츠가 60 : 30 : 10의 비율로 영향을 준다는 점을 기억해야 합니다. 또한 이미지는 노력에 따라 얼마든지 바뀔 수 있으므로 부족한 점을 보완하려는 노력을 아끼지 말아야 합니다.

5. 미소, 웃다 보면 좋은 일이 생긴다

우리 주위에는 술이 들어가지 않으면 얼굴 근육이 얼음이 되어버리는 사람, 하루 종일 표정이 구겼다 펴놓은 종이 같은 사람, 눈꺼풀을 이쑤시개로 받쳐줘야 할 것처럼 우울해 보이는 사람이 꽤 많습니다. 무뚝뚝함, 무심함, 무관심이 느껴지면 그 자리에서 숨이 막힐 것만 같습니다. 그런 그들에게 반전의 기회를 주는 게 딱 하나 있는데 그건 바로 '미소'입니다. 얼굴이 흑백사진처럼 우울모드 그 자체일지라도 밝은 미소 한 방이면 그걸 날려버릴 수 있습니다.

미소가 마음의 벽을 허무는 경우는 정말 많습니다. 잘 웃기만 해도 커뮤니케이션이 술술 풀려 나갑니다. 유대인은 아무리 상황이 좋지 않아도 서로 농담을 나누며 웃음을 잃지 않는다고 합니다. 가끔 영화나 드라마에서 위기의 순간에도 농담을 날리는 장면을 보면 혹시 유대인의 자세를 모방한 것이 아닌가 하는 생각이 듭니다.

늘 웃음꽃을 피우는 사회는 그만큼 사회 커뮤니케이션(social communication)이 활성화되어 있다는 것을 의미합니다. 이 경우 사회 구성원 간의 다툼이 적고 다른 사회 공동체보다 경쟁력이 높습니다. 유대인이 노벨상을 휩쓸고 세계 경제를 쥐락펴락하는 이유가 어쩌면 여기에 있을지도 모릅니다.

웃으면 확실히 복이 옵니다. 이렇게 단언하는 데는 그만한 이유가 있습니다. 잘 웃는 사람의 주변에는 많은 사람이 모이고 그중에는 반드시 복을 주는 사람이 있게 마련입니다. 그러니 좋은 일이 없어도 웃으십시오. 웃다 보면 좋은 일이 생깁니다. 웃는 사람은 심신이 편안해지고 그 마음이 얼굴로 표출돼 상대에게 좋은 인상을 주기 때문입니다. 많이 웃으면 복은 자연스럽게 들어옵니다.

웃는 모습을 보면서 기분이 나빠지는 사람은 없습니다. 오히려 누군가가 크게 웃으면 그걸 보는 사람의 기분이 좋아집니다. 전반적인 분위기가 좋으면 기분이 가라앉아 있던 사람도 덩달아 기분이 좋아집니다. 이런 말이 있지요.

"그가 방에 들어오면 방 안이 환해지는 사람이 있는가 하면, 그가 방을 나가면 방 안이 환해지는 사람이 있다."

자주, 크게 웃으십시오. 억지로라도 웃으세요. 그러면 자기 자신뿐 아니라 타인의 기분도 좋아집니다. 평소에 미소 지으며 대화하는 것은 사회의 화목과 국가 경쟁력을 높이는 데 중요한 요소입니다.

6. 재무, 소낙비에 대비하라

매달 100만 원을 벌어서 80만 원을 쓰고 나머지는 저축하는 사람과, 매달 200만 원을 벌어서 210만 원을 쓰는 사람 중 누가 더 부자일까요? 당연히 덜 쓰고 저축하는 사람입니다. 돈은 잘 버는 것보다 잘 쓰는 게 훨씬 더 중요합니다. 아무리 많이 벌어도 다 써버리면 그는 가난한 사람입니다. 더구나 우리는 살아가는 내내 돈을 잘 벌 수 있는 게 아닙니다. 수입 사이클이 가라앉는 시기도 있으므로 잘나갈 때 반드시 대비를 해둬야 합니다. 삶에서 재무관리는 매우 중요합니다. 이는 기업이든 개인이든 마찬가지입니다.

'돈'은 잘 다루면 편안함과 즐거움을 주지만 그것에 휘둘리면 가정과 인생이 망가지기도 합니다. 그래서 돈을 두고 '필요악'이라고 부르는 것인지도 모릅니다.

알다시피 세상에는 부자와 빈자가 존재합니다. 개중에는 금수저를 물고 태어나는 사람도 있지만, 사실은 스스로 재무관리를 잘해 부자가 되는 사람이 더 많습니다. 그렇다면 무엇이 사람들을 부자와 빈자로 만드는 것일까요? 그것은 작은 습관입니다. 부자와 빈자는 습관이 다릅니다.

부자에게는 몇 년 안에 얼마만큼의 돈을 모으겠다는 뚜렷한 목표가 있습니다. 그 구체적인 중장기 계획 덕분에 이들은 시련이 닥쳐도 좌절하지 않고 앞으로 나아갑니다. 반면 빈자는 구체적인 계획 없이 닥치는 대로 살아갑니다. 몇 년 안에 얼마를 모으겠다는 구체적인 목표가 없다 보니 대개는 잦은 술자리를 통해 스트레스를 푸느라 돈을 낭비하고 몸만 망가집니다.

부자는 십 원짜리 하나도 허투루 쓰지 않습니다. 그들은 십 원짜리가 모여 천 원이 되고 또 만 원이 된다는 것을 압니다. 그리고 그렇게 불어난 돈이 언젠가 경제적 자유를 안겨준다는 것도 압니다. 빈자는 '푼돈을 아껴서 뭐해?'라며 아무렇지도 않게 소비합니다. 거대한 배도 작은 구멍 하나로 침몰할 수 있습니다. 적은 돈을 아끼지 않는 사람에게는 큰돈이 모이지 않습니다.

부자는 문제가 발생했을 때 자기 잘못이라고 생각합니다. 그들은 '내 생각이 짧았어', '모두 내 탓이야'라고 하며 당당하게 책임을 집니다. 빈자는 '그친구 말을 듣는 게 아니었어', '모든 게 너 때문이야'라며 화살을 남에게 돌립니다. 부자는 내 탓을 하면서 삶을 개선하려 노력하기 때문에 실패에서 교훈을 얻습니다. 빈자는 남 탓을 하거나 감추기에 급급해 나중에 또 실패할 가능성이 큽니다.

먼저 일상생활에서부터 부자의 습관을 들이십시오.

해마다 5퍼센트씩이라도 저축을 늘리십시오. 또 신용카드 대신 현금을 사용하십시오. 평소에 재정 상태를 꼼꼼히 살펴보는 것도 잊어서는 안 됩니다. 기본적으로 일일, 주간, 월간 평균지출을 알고 있어야 합니다. 그래야 궁상스럽지 않게 계획적으로 절약할 수 있습니다.

7. 겸손, 조조에겐 없고 유비에겐 있는 것

"강한 사람이 되려면 물처럼 되어야 한다. 물은 장애물이 없으면 그냥 흐르지만 둑이 가로막으면 멎는다. 그러다가 둑이 터지면 다시 흐른다. 물은 네모진 그릇에 담으면 네모가 되고, 둥근 그릇에 담으면 둥글게 된다. 그처럼 겸손하기 때문에 물은 무엇보다 필요하고 또 무엇보다 강하다."

노자의 말입니다. 그는 우리에게 물처럼 아래로 흐르면서 주어진 상황을 포용하라고 가르칩니다. 아래로만 흐른 물은 결국 인간이 넘보기 어려운 대양을 이룹니다. 이처럼 지구를 지구(地球)가 아닌 수구(水球)로 만들어버리는 물의 위용은 겸손에서 나옵니다.

인생에서 가장 중요한 덕목은 겸손입니다. 자신의 인격과 성과를 받쳐주고 지켜주는 밑바탕이 겸손이기 때문입니다. 똑똑하지만 겸손하지 못한 사람은 쌓아놓은 것을 한꺼번에 무너뜨리는 우를 범하기 십상입니다.

보리처럼 고개를 빳빳이 들지 않아도 사람들은 누가 잘났는지 잘 압니다. 그걸 드러내지 못해 안달할 필요는 없습니다. 스스로 만족하는 것만으로는 부족한가요? 굳이 다른 사람들의 시기와 질투, 비아냥거림을 유발하면서까지 떠벌리고 싶습니까?

"잘났어, 정말."

이 말은 그리 듣기 좋지 않습니다. 그렇지만 많은 사람이 익을수록 고개를 숙이는 벼처럼 행동하지 못해 이 말을 무수히 듣고 삽니다. 아무리 유능해도 성실하고 겸손하지 못하면 주변 사람들에게 사랑받지 못합니다. 반면 그리 유능하지 않아도 성실하고 겸손하게 사는 사람은 결국 성공할 가능성이 큽니다. 소설 삼국지에선 똑똑하고 영민한 조조보단 부족하지만 겸손과 인격을 갖춘 유비가 지금까지도 더 많은 사랑을 받고 있죠. 비슷하게 초한지의 두 영웅 항우와 유방에 대한 평가 역시 항우보단 유방의 겸손에 기반한 리더십에 손을 들어주고 있습니다.

늘 자신을 돌아보고 반성하면서 겸손한 자세를 길러야 훌륭한 리더와 성공자가 될 수 있습니다. 겸손한 인격을 갖추려면 끊임없이 반성하고 자신을 낮추는 연습을 해야 합니다. 인격을 완성하고 성공을 마무리하는 것은 겸손이라는 덕목입니다.

8. 인맥, 겉치레가 아닌 영양가 있는 네트워크

'인맥'이라는 말은 마치 사골 같습니다. 웬만한 책에는 꼭 등장하고 이름난 명사들도 한 번쯤은 언급하고 넘어가는 말이니까요. 산속에 처박혀 있어도 인맥이란 녀석은 우리 인생에 들러붙어 좀처럼 떨어져 나가지 않습니다. 그러니 우려먹고 또 우려먹을 수밖에요.

한때는 인맥 만들기 열풍이 불기도 했지요. 지금은 또 다른 차원에서 인맥이 중요해지고 있습니다. 1인 사업자가 점점 늘어나는 상황에서 퓨전이나 융합을 위해 '따로 또 같이'의 의미가 부상하고 있기 때문입니다. 이것은 상당히 긍정적인 변화입니다. 각자 독립적으로 서 있되 때론 독립한 개체끼리 뭉쳐 한 사람의 역량을 뛰어넘는 결과를 도출해낼 수 있으니까요.

이때 중요한 것은 개방성입니다. 내 마음, 지식, 생각을 모두 열어젖히고 흐르도록 해야 합니다. 사해처럼 받아들이기만 하고 내보내지 않으면 그야말로 사해(死海)가 되어버립니다. 서로 섞고 조합해서 조화를 이뤄야 살아남을 수 있는 시대에 폐쇄성은 발붙이기 어렵습니다.

그렇다고 너무 방만하게 인맥을 넓히는 것은 바람직하지 않습니다. 명확하게 자기 기준을 세우고 관리하지 않으면 인맥의 바다에 빠져 허우적댈 수 있습니다. 인맥관리에도 절제는 필요합니다. 허세와 겉치레를 접어두고 진정한 인맥, 영양가 있는 인맥을 중심으로 판을 짜야 합니다.

어쨌든 사회에서 성공한 사람들의 90퍼센트 이상이 성공의 핵심요소는 '인간관계'라고 말합니다. 그러니 인맥을 잘 관리해야지요. 사람들과 우호적이고 지속적인 관계를 유지하는 것을 휴먼 네트워킹이라고 하는데, 이것을 잘하면 성공에 큰 도움이 됩니다.

사회생활에서 가장 중요한 인적자원을 잘 네트워킹하면 최소 비용으로 최대 효과를 낼 수 있습니다. 다행히 인적자원은 누구든 노력하기만 하면 네트워

킹할 수 있는 자원입니다. 물론 효과적인 휴먼 네트
워킹에는 나름대로 원칙과 전략이 필요합니다.

먼저 원칙을 알아봅시다.

▶ 먼저 줍니다.

▶ 약속은 반드시 지킵니다.

▶ 항상 당당하게 행동합니다.

▶ 많이 듣고 적게 말합니다.

다음은 전략입니다.

▶ 용기를 내 접근합니다.

▶ 기회가 있을 때마다 접촉합니다.

▶ 인맥관리 시스템을 마련합니다.

▶ 좋은 이미지를 남깁니다.

▶ 커뮤니케이션 스킬을 익힙니다.

9. 멘토, 인생의 내비게이션

멘토와 멘티는 그야말로 삽시간에 사람들에게 파고든 용어입니다. 처음 등장할 때만 해도 책이나 신문마다 그 용어를 설명해주느라 바빴는데 지금은 당연하다는 듯이 사용하고 있지요.

지도자, 스승, 상담자, 후원자, 인생 선배 등의 의미로 쓰이는 멘토라는 말은 그리스 시대에 호머가 지은 서사시 〈오디세이아(Odysseia)〉에 나옵니다. 고대 이타케의 왕 오디세이는 트로이 전쟁에 출전하면서 친구이자 신하인 멘토에게 집안일과 아들 텔레마코스의 교육을 부탁합니다. 멘토는 10년 넘게 텔레마코스를 가르치면서 친구이자 상담자, 아버지의 역할을 도맡았습니다. 이후 멘토는 인생을 올바르게 이끌어주는 사람이라는 의미로 사용되었고 그 상대자를 멘티라고 합니다.

낯선 길을 갈 때 사람들이 약간만 조언을 해줘도 감지덕지하게 마련인데, 멘토가 인생길을 안내해준다면 앞이 보이지 않는 삶에서 얼마나 큰 도움이 될까요? 아마도 그 혜택은 수량화하기 어려울 겁니다.

멘토는 한 번밖에 없는 인생을 가장 효율적이고 보람 있게 살아가도록 도와주는 내비게이션입니다. 멘토에게 가르침을 받으면 노력과 시간을 덜 투자하고도 원하는 것을 얻을 수 있습니다. 모든 것을 몸으로 부딪쳐가며 혼자 해내야 한다고 생각해보십시오. 얼마나 많은 시행착오를 겪게 될까요? 또 얼마나 많은 시간과 노력을 낭비하게 될까요?

좋은 멘토를 만나는 것은 큰 행운입니다. 멘토는 험난한 인생항로를 잘 헤쳐 나가도록 안내하면서 살이 되고 뼈가 되는 조언을 해주기 때문입니다. 자신의 상황에 맞는 멘토를 구하십시오. 가장 적합한 멘토는 자신이 걸어갈 길에 도움을 줄 만한 사람입니다.

단, 시행착오를 줄이려면 다음의 사항을 마음에 새겨둬야 합니다.

▶ 멘토와 멘티의 관계를 맺는 것은 소중하지만 어려운 일입니다.

▶ 멘토를 선정할 때는 자신과 인생관, 철학이 맞는지 살펴야 합니다.

▶ 멘티는 멘토의 인생관과 철학, 좋은 점을 빨리 습득하려 노력해야 합니다.

▶ 멘토는 선배이자 성공자일뿐 신이 아니라는 것을 인식합니다.

▶ 멘토와 멘티는 신뢰와 사랑으로 감싸주고 이끌어주는 관계여야 합니다.

10. 습관, 쉽고도 어려운 야생마

"오늘 아침, 당신의 행동을 다스려라! 순간이 당신의 미래를 결정한다. 오늘 당장 한 가지 행동을 여물게 하라. 과거의 나쁜 습관을 버리고 좋은 습관으로 바꿔야 한다. 오늘 하나의 그릇된 습관을 고친다는 것은 당신이 새롭고 좀 더 강한 성격으로 새출발

한다는 것을 의미한다. 새로운 성격은 새로운 운명을 열어 나갈 것이다."

독일의 시인 라이너 릴케의 말입니다. 습관은 운명까지 바꿀 수 있을 만큼 중요하다는 얘기지요. 일일이 따지지 않아서 그렇지 우리가 생각 없이 습관적으로 행하는 것은 꽤 많습니다. 자동적으로 튀어나오는 행동에는 어떤 것이 있습니까? 그 반대로 행동하면 어색하고 불편하지요. 가령 늘 오른쪽에 메던 가방을 왼쪽에 메면 불편합니다. 상의를 입을 때 오른팔을 먼저 꼬이던 것을 왼팔 먼저 꼬이면 어색합니다. 오른손으로 하던 칫솔질을 왼손으로 하면 잇몸이 무사하지 못합니다. 습관은 참 무섭습니다. 한번 자신의 행동을 꼼꼼히 살펴보십시오. 그동안 무의식적으로 행하던 것을 반대로 하면 허둥거리게 됩니다.

그것이 좋은 습관이라면 계속 습관대로 사십시오. 애써 좋은 습관을 들이려 노력하지 않아도 되니 오히려 다행이지요. 문제는 나쁜 습관입니다. 나쁜 습관은 과감히 내던져야 합니다.

좋은 행동을 습관화하고 나쁜 행동을 버리는 것은 자기 자신과의 끝없는 싸움입니다. 우리의 내면에서는 긍정적 자아와 부정적 자아가 늘 대립하는데, 성공하는 사람들은 긍정적 자아가 부정적 자아를 이깁니다. 반면 실패하는 사람은 부정적 자아가 긍정적 자아를 이깁니다.

부정적 자아는 늘 속삭입니다.

'내일 해도 돼.'

'한 번쯤은 빼먹어도 괜찮아.'

많은 사람이 이런 부정적 자아의 유혹에 넘어갑니다. 자기 자신과의 싸움에서 이기려면 늘 긍정적으로 사고하려 애쓰고 결심한 것은 반드시 실행하는 습관을 들여야 합니다.

'나는 할 수 있다!'

이처럼 긍정적인 말로 스스로를 관리해야 합니다. 습관화(Habituation)는 타인이 대신 해줄 수 없는 내 몫입니다. 인생에서 진정으로 성공하길 원한다면 오늘부터라도 긍정적 자아를 깨워 습관화에 들어가도록 하십시오! 습관화는 성공으로 가는 지름길입니다.

11. 시스템, 바꿔야 바뀐다

서울에서 부산으로 가는 열차에는 세 종류가 있습니다.

하나는 가장 느린 무궁화호로 5시간 40분 정도가 걸립니다. 그다음은 새마을호로 약 4시간 40분이 소요됩니다. 나머지는 KTX인데 2시간 40분이면 부산에 도착할 수 있습니다.

일단 무궁화호를 타면 빨리 가고 싶은 마음에 열차 내에서 뜀박질을 해도 꼬박 5시간 40분 동안 그 안에 있어야 합니다. 무궁화호라는 시스템에 동승하고 있기 때문입니다. 부산으로 더 빨리 가고 싶다면 어떻게 해야 할까요? 무궁화호에서 내려 새마을호나 KTX로 갈아타야 합니다. 즉, 시스템을 바꿔야 합니다.

개인이든 회사든 지금보다 더 성공하려면 시스템을 개선하거나 바꿔야 합니다. 늘 같은 시스템을 사용하면 아무리 애를 써도 크게 달라지는 건 없습니다. 인생에서 성공하는 데도 마찬가지의 원리가 적용됩니다. 지금까지 해오던 방식대로 열심히 하면 현상유지는 할 수 있을지 모르지만 큰 성공은 기대하기 어렵습니다.

더 큰 성공을 바란다면 자신이 혹시 무궁화호에 타고 있지 않은지 냉철하게 점검해봐야 합니다. 지금까지 늘 해오던 대로 낡은 방식을 따르면서 결과가 달라지기를 바라는 것은 말도 안 되는 일입니다. 아인슈타인은 그런 행동을 두고 아예 '미친 짓'이라고 했습니다.

"늘 하던 대로 하면서 다른 결과를 기대하는 것은 미친 짓이다."

시스템을 바꾸면 효율성이 높아지고 그러면 자신

이 원하는 성과를 달성할 가능성이 커집니다.

시스템을 바꿀 때는 다음의 과정을 거쳐야 합니다.

> ▶ 자신의 현재 시스템을 냉철하게 분석 및 판단합니다.
> ▶ 성공자들의 시스템을 관찰하고 비교합니다.
> ▶ 시스템을 바꿨다면 거기에 집중해 효율성을 극대화
>   합니다.

'어떻게든 되겠지'라는 막연한 생각으로는 성공이라는 보물섬에 닿을 수 없습니다. 원하는 곳으로 인생을 항해하고 싶다면 이제라도 자신의 위치를 정확히 파악하고 시스템을 바꿔야 합니다. 효율적인 시스템을 선택해 최선을 다하면 더 큰 성공이 반드시 눈앞에 나타날 것입니다.

12. 독서, 최소 투자 대박 효과

한두 끼 밥값으로 타인의 인생 노하우를 에누리 없이 건져 올리는 방법 중 으뜸은 독서입니다. 워런 버핏과 점심 한 끼를 먹는 데 드는 비용은 5억 원을 훌쩍 넘지만, 그의 인생이 고스란히 담긴 책 한 권을 구입하는 데는 2, 3만 원이면 충분합니다. 더구나 말은 한 번 듣고 그만이지만 글은 두고두고 음미할 수 있습니다. 예를 들면 버핏이 미국이라는 강대국에서 태어나 대공황 이후의 고도 성장기를 거치는 행운을 누렸다는 사실은 책을 꼼꼼히 읽어야 눈치 챌 수 있습니다.

우리가 독서를 통해 얻는 자양분은 말로 표현하기 어려울 만큼 많습니다. 독서는 그 자체로 삶에 윤기를 더해주며 자신의 일과 관련해 전문성을 얻게 해줍니다. 한 사람이 최소 몇 개월, 심지어 평생을 연구한 기록물을 단숨에 습득할 기회를 제공하는 것은 독서가 유일합니다. 가끔은 독서를 가볍게 생각하는

사람도 있지만 책이 나오기까지 저자를 비롯해 많은
사람이 들인 노고를 생각하면 그런 자세를 지양해야
마땅합니다.

독서의 효과를 최대로 누리려면 적어도 다음의 가
이드라인을 지키는 것이 좋습니다.

● 매달 최소한 네 권의 책을 읽습니다.

일주일에 책을 한 권씩 읽으면 한 달에 네 권을 읽
을 수 있습니다. 군이 정독이 아니어도 괜찮습니다.
내게 필요한 정보를 습득하는 것만으로도 독서는 충
분히 가치가 있습니다.

● 전문서적뿐 아니라 다양한 책을 골라서 읽습니다.

지나치게 전문서적에만 빠져 있으면 폭넓은 사고
력을 기르기 어렵고 판단력이 결여되기 십상입니다.
골고루 읽어야 다양한 지식과 지혜를 습득할 수 있
습니다.

● 책을 읽다가 좋은 글귀나 문장이 나오면 밑줄을 긋거나 메모합니다.

책에서 얻은 좋은 지식 혹은 지혜는 나중에 어떤 결정을 하거나 실행을 할 때 중요한 참고사항이 될 수 있습니다. 좋은 글귀는 상황이 열악해 조언이 필요할 때도 도움을 줍니다.

● 책을 내겠다는 자세로 독서합니다.

자신이 저자가 되어보겠다는 자세로 책을 대하면 보다 적극적으로 독서하면서 메모하게 됩니다. 이 경우 좋은 내용을 더 많이 습득할 수 있습니다.

● 책에서 보고 느낀 점을 반드시 실행에 옮깁니다.

머릿속에 아무리 지식이 많아도 실천하지 않으면 달라지는 건 없습니다.

지금부터라도 독서량을 늘려 지식을 함양하고 인격을 키우면 그만큼 성공의 고지가 낮아지고, 주변으로부터 존경받는 인재로 거듭날 것입니다. 독서는 인격을 수양하는 좋은 방법이자 성공을 위한 자양분입니다.

13. 기본, 차이를 만드는 히든카드

일이 복잡하게 꼬이고 상황이 어려울수록 기본에 충실해 문제를 풀면 훨씬 잘 풀립니다. 세상 이치가 기본을 중심으로 돌아가기 때문입니다. 인간관계든 사업이든 마찬가지입니다. 기본을 무시하고 너무 서둘면 반드시 그 대가를 치르게 마련입니다.

그럼에도 많은 사람이 기본을 갖추지도 않고 빨리 성공의 길로 가고 싶어 안달합니다. 이것은 땅을 깊숙이 파서 기반을 다지지도 않고 고층빌딩을 올리는 것이나 마찬가지입니다. 높이 오르고 싶다면 그만큼 기본도 깊고 단단하게 다져야 합니다.

훌륭한 선수는 기초체력 훈련에 상당 시간을 할

애하면서 힘겹게 자신을 가다듬습니다. 기본기를 잘 닦지 않으면 큰 선수가 되기 어렵기 때문입니다. 훌륭한 칼을 만들 때도 오랜 시간 담금질을 반복해 쇠를 강하게 만든 후에야 날을 세웁니다.

그러면 '기본'이란 대체 무엇을 의미하는 걸까요?

첫째, 분명한 목표입니다. 분명한 목표는 성공하고자 하는 사람이 갖춰야 할 기본 중의 기본입니다. 집을 나서긴 했는데 갈 곳이 없으면 방황하게 되듯, 목표가 없으면 헤매느라 시간과 노력만 낭비할 뿐입니다.

둘째, 성실한 자세입니다. '성실'이라는 말이 모호하게 느껴질 수도 있습니다. 간단하게 세 가지만 얘기하지요. 부지런히 일할 것, 약속을 잘 지킬 것, 자기관리를 잘할 것입니다. 이 세 가지만 잘 지켜도 성실하다고 인정받을 것입니다.

셋째, 유능해지고자 애쓰는 태도입니다. 자기 분야에서 최고가 되겠다는 마음자세로 열심히 노력하는 것 역시 기본입니다. 별난 게 아니라 기본적으로 해야 하는 행동이라는 얘기입니다.

넷째, 인격을 갈고닦으려 노력하는 것입니다. 늘 신의를 지키는 인간관계를 유지하려면 인격을 갈고 닦아야 합니다.

기본에 충실한 사람은 훨씬 더 쉽게 성공의 길로 들어설 수 있습니다. 반대로 기본에서 벗어나면 자신이 성취하려는 일에서 자꾸만 멀어지고 맙니다. 따라서 매일 자신을 돌아보며 궤도에서 벗어나지 않았는지 점검하고, 기본을 지키고 있는지 살펴야 합니다. 기본이 탄탄한 사람은 뭘 해도 다른 사람과 차이를 만들어 내게 될 것입니다.

왜 나하고 사업을 같이 하지 않을까?

1판 1쇄 찍음 2017년 11월 10일
1판 4쇄 펴냄 2020년 11월 10일

지 은 이 이영권/이상석
펴 낸 이 배동선
　　　　　 마케팅부/최진균
펴 낸 곳 아름다운사회
출판등록 2008년 1월 15일
등록번호 제2008-1738호
주　　소 서울시 강동구 성내로 16 동해빌딩 303호 (우: 05398)
대표전화 (02)479-0023
팩　　스 (02)479-0537
E-mai assabooks@naver.com

ISBN : 978-89-5793-196-7-03320
값 5,500원